Hannah Arendt – Nach Auschwitz

Hannah Arendt, 1906-1975; Studium bei Husserl, Jaspers und Heidegger. 1933 Verhaftung durch die Gestapo und Flucht nach Paris, wo sie bis 1941 für die Jewish Agency arbeitet. Ausreise in die USA. Lehrt an verschiedenen Universitäten. 1951 erscheint ihr Hauptwerk »Elemente und Ursprünge totaler Herrschaft«.

Edition
TIAMAT
Deutsche Erstveröffentlichung
Herausgeber der Reihe Critica Diabolis:
Klaus Bittermann
1. Auflage: Berlin 1989
2. Auflage: Berlin 2014

Grimmstr. 26 – 10967 Berlin

www.edition-tiamat.de
mail@edition-tiamat.de
Umschlaggestaltung unter Verwendung einer Fotografie
von Hannah Arendt in Paris
Mit freundlicher Genehmigung von Lotte Köhler, New York
ISBN: 3-923118-81-3

Hannah Arendt

Nach Auschwitz

Essays & Kommentare

Herausgegeben von
Eike Geisel und Klaus Bittermann

Aus dem Amerikanischen übersetzt von
Eike Geisel

Critica
Diabolis
21

Edition
TIAMAT

INHALT

Die vollendete Sinnlosigkeit 7

Antisemitismus
und faschistische Internationale 31

Das Bild der Hölle 49

Ein Briefwechsel
Gershom Scholem an Hannah Arendt 63
Hannah Arendt an Gershom Scholem 71

Was heißt persönliche Verantwortung
unter einer Diktatur? 81

Der Auschwitz-Prozeß 99

This Means You – Artikel aus dem »Aufbau«
Des Teufels Redekunst 137
»Keinen Kaddisch wird man sagen« 140
Die wahren Gründe für Theresienstadt 143
Für Ehre und Ruhm des jüdischen Volkes 146
Gäste aus dem Niemandsland 150
Die Tage der Wandlung 154
Eine Lehre in sechs Schüssen 160
Die jüdischen Partisanen
im europäischen Aufstand 164
Die Entrechteten und Entwürdigten 168

Bibliographische Notiz 175

Die vollendete Sinnlosigkeit

Jede Wissenschaft gründet notwendigerweise auf einigen unausgesprochenen Grundannahmen. Diese Axiome fallen nur dann in sich zusammen, wenn gänzlich unerwartete Phänomene auftreten, die sich mit dem vorhandenen Begriffssystem nicht mehr verstehen lassen. Diese Regel gilt auch für die Sozialwissenschaften mit ihren während der letzten hundert Jahre entwickelten Methoden. Im folgenden soll die These erläutert werden, daß die Einrichtung der Konzentrations- und Vernichtungslager, die inneren Verhältnisse dieser Lager wie ihre Funktion im Terrorapparat totalitärer Regime, höchstwahrscheinlich jenes unvorhergesehene Phänomen darstellen, welches eine der gegenwärtigen Gesellschaft und Politik angemessene Sicht der Dinge blockiert. Es zwingt Sozialwissenschaftler und Historiker, ihre bislang nicht in Frage gestellten Grundannahmen über den Lauf der Welt und über das menschliche Verhalten zu überdenken.

Die Schwierigkeiten bei der Beschäftigung mit dem Gegenstand sind offenkundig: schon die bloße Aufzählung von Fakten klingt in den Ohren von anderen »überspannt und unglaubwürdig«,[1] und aus den Be-

1. »Gäbe ich diese Schreckensdinge in meinen eigenen Worten wieder, dann würden Sie mich für überspannt und unglaubwürdig halten«, sagte Richter Robert H. Jackson in seiner Eröffnungsrede beim Nürnberger Prozeß. Vgl. *Nazi Conspiracy and Aggression*, Washington 1946, Bd.1, S.140. (Soweit von Hannah Arendt nicht im Origi-

richten von ehemaligen Häftlingen geht hervor, daß sie es während ihrer Haftzeit »nie ganz geschafft haben«, sich selbst zu überzeugen, »daß all dies Wirklichkeit war, was da tatsächlich geschah, und nicht irgendein Alptraum.«[2] Vor allem aber irritiert, daß der gesunde Menschenverstand vor dem Gegenstand versagt, denn weder die Einrichtung der Lager selbst und was innerhalb ihrer streng bewachten Grenzen vor sich ging, noch deren politische Rolle ergeben irgendeinen Sinn. Wenn man annimmt, daß die meisten Tätigkeiten der Menschen utilitaristischer Natur sind und daß böse Taten allenfalls aus »übertriebenem« Egoismus resultieren, dann entzieht diese besondere Einrichtung totalitärer Herrschaft sich menschlichem Verständnis. Wenn man jedoch andererseits von allen gewohnten Maßstäben abstrahiert und nur die wahnwitzigen ideologischen Behauptungen des Rassismus in ihrer logischen Klarheit betrachtet, dann macht die Ausrottungspolitik der Nazis fast allzuviel Sinn. Dem von ihnen angerichteten Grauen liegt die unbeugsame Logik zugrunde, welche auch die Sichtweise von Paranoikern regiert, in deren Systemen alles mit absoluter Notwendigkeit folgert, wenn einmal die erste verrückte Prämisse akzeptiert worden ist. Der Wahnwitz solcher Systeme besteht natürlich nicht nur in ihrer Ausgangsprämisse, sondern vor allem in der ehernen Logik, die sich durchsetzt, und zwar ohne Rücksicht auf die Tatsachen und – ohne Rücksicht auf die Wirklichkeit – einer Wirklichkeit, die uns lehrt, daß es in der Praxis keine absolute Vollkommenheit geben kann. Mit an-

nal zitiert, werden Nazi-Quellen, bzw. Aussagen in Prozessen rückübersetzt. A.d.Ü.)

2. Vgl. Bruno Bettelheims Bericht »On Dachau and Buchenwald«, in *Nazi Conspiracy*, a.a.O., Bd.7, S.824 (vgl., *Erziehung zum Überleben*, Stuttgart 1980, S.23. A.d.Ü.)

deren Worten: nicht nur der unnütze Charakter der Lager selbst; nicht nur die Sinnlosigkeit, vollkommen unschuldige Menschen zu »bestrafen«; nicht allein das gravierende Versäumnis, diese Menschen in einer Verfassung zu halten, die profitable Ausbeutung ermöglichte und nicht nur der Luxus, völlig gefügige Menschenmassen in Angst und Schrecken zu versetzen – nicht dies allein macht den unverwechselbaren und so verstörenden Charakter dieser Institution aus, sondern auch deren geradezu schädliche Funktion, nämlich der Umstand, daß nicht einmal vordringlichste militärische Erfordernisse diese »demographische Politik« beeinträchtigen durften. Die Nazis schienen überzeugt, daß es wichtiger sei, die Vernichtungsfabriken in Betrieb zu halten als den Krieg zu gewinnen.[3]

In diesem Zusammenhang gewinnt das zur Charakterisierung von totalitärem Terror verwendete Adjektiv »beispiellos«[4] seine volle Bedeutung. Der Weg zur totalen Beherrschung durchläuft viele Zwischenstationen, die vergleichsweise normal und noch verstehbar sind. Einen Angriffskrieg wird man nicht im entferntesten als beispielloses Ereignis bezeichnen; Massaker unter der Zivilbevölkerung des Feindes oder gar an einem vermeintlich feindlich gesonnenen Volk sind, wenn man die Geschichte betrachtet, fast an der Tagesordnung; Ausrottung von Eingeborenen im Kolonisationsprozeß und bei der Errichtung von neuen Siedlungen gab es in Amerika, Australien und Afrika;

3. Im März 1943 notiert Goebbels in seinem Tagebuch: »Der Führer ist glücklich, ... daß die Juden .... aus Berlin evakuiert worden sind. Er hat recht, wenn er sagt, daß der Krieg uns die Lösung einer ganzen Reihe von Problemen ermöglicht hätte, die in normalen Zeiten niemals hätten gelöst werden können. Die Juden werden sicherlich die Verlierer in diesem Krieg sein, komme was da wolle.« *The Goebbels Diaries*, hrsg. von Louis P. Lochner, New York 1948, S.314

4. Robert H. Jackson, a.a.O., Bd.2, S.3.

Sklaverei ist eine der ältesten Einrichtungen der Menschheit, und Staatssklaven, die zur Ausführung öffentlicher Arbeiten eingesetzt wurden, stellten einen der Hauptpfeiler des Römischen Imperiums dar. Sogar das aus der Geschichte politischer Träume wohlbekannte Streben nach Weltherrschaft ist kein Monopol totalitärer Regimes, man kann diesen Wunsch immer noch aus einer maßlos übertriebenen Gier nach Macht erklären. So kriminell und scheußlich diese verschiedenen Richtungen totalitärer Herrschaft auch sind, sie haben eines gemein, was sie von dem Phänomen unterscheidet, mit dem wir es hier zu tun haben: im Unterschied zu den Konzentrationslagern sind sie an einen erklärten Zweck gebunden, sie gereichen den Herrschenden zum Vorteil, wie etwa der gewöhnliche Raub dem Räuber. Die Motive dabei sind klar und die Mittel im Hinblick auf den Zweck tauglich, das heißt nützlich in der gängigen Bedeutung des Wortes. Die außergewöhnliche Schwierigkeit, die beim Versuch entsteht, die Institution Konzentrationslager zu verstehen und in die Menschheitsgeschichte einzuordnen, kommt genau daher, daß dieses Nützlichkeitskriterium fehlt. Gerade diese Leerstelle ist mehr als alles andere für die merkwürdige Atmosphäre der Irrealität verantwortlich, welche diese Einrichtung und alles was damit zusammenhängt umgibt.

Um den Unterschied zwischen dem Faßbaren und dem Unfaßbaren genauer zu verstehen, das heißt den Unterschied zwischen den Daten und Fakten, die mit unseren gängigen Forschungsmethoden und sozialwissenschaftlichen Theorien bearbeitet werden können und jenen Fakten, die dieses ganze Bezugssystem zusammenbrechen lassen, sollte man sich die verschiedenen Stadien noch einmal ins Gedächtnis rufen, die der nationalsozialistische Antisemitismus durchlaufen hat, vom Aufstieg Hitlers zur Macht 1933 bis zur Errichtung der Todesfabriken inmitten des Krieges. Der Antisemitismus selbst hat eine derart lange und blutige Chronik vorzuweisen, so daß allein schon die Tatsache, daß die Todesfabriken hauptsächlich mit jüdischem »Menschenmaterial« beschickt wurden, die Einzigartigkeit dieser »Maßnahme« etwas in den Hintergrund gedrängt hat. Der nazistische Antisemitismus zeichnete sich ohnehin durch einen absoluten Mangel an Originalität aus; es gab kein einziges Element, weder auf der ideologischen, noch auf der propagandistischen Ebene, das nicht auf frühere Bewegungen zurückgeführt werden könnte und das, ehe es die Nazis überhaupt gab, nicht bereits als Klischee in der judenfeindlichen Literatur vorhanden gewesen wäre. Die antijüdische Gesetzgebung im Hitler-Deutschland der dreißiger Jahre, die mit dem Erlaß der Nürnberger Gesetze 1935 einen Höhepunkt erreichte, war, wenn man auf die Ereignisse des 19. und 20. Jahrhunderts zurückblickt, sicherlich eine neue Erscheinung; aber andererseits waren diese Gesetze nichts Neues, denn sie waren das erklärte Ziel antisemitischer Parteien in ganz Europa oder gehörten zur Erfahrung älterer jüdischer Geschichte. Mit der rücksichtslosen Verdrängung der Juden aus der deutschen Wirtschaft zwischen 1936 und 1938 und dem Pogrom 1938 bewegte sich die Politik immer noch im Rahmen dessen, was bei der Machtergreifung einer antisemitischen Partei in Europa zu erwarten gewesen wäre. Der nächste Schritt, nämlich die Errichtung von Ghettos in Osteuropa, wo man die Juden in den ersten Kriegsjahren zusammendrängte, konnte einen aufmerksamen Beobachter der Entwicklung schwerlich überraschen. Das waren scheußliche und verbrecherische, aber völlig zweckrationale Handlungen. Die antijüdische Gesetzgebung in Deutschland zielte darauf ab, populäre Forderungen zu befriedigen; die Ausschaltung der Juden aus überbesetzten Berufszweigen schien dazu zu dienen, für eine Generation äußerst unterbeschäftigter Intellektueller Platz zu schaffen; die erzwungene Emigration, die nach 1938 von nacktem Raub begleitet wurde, war eine kalkulierte Maßnahme, um den Antisemitismus in der ganzen Welt zu entfachen, worauf eine Mitteilung des deutschen Außenministeriums an alle Dienststellen im Ausland ganz treffend hinwies;[5] das Zusammenpferchen der Juden in osteuropäischen Ghettos und die nachfolgende Verteilung ihrer Habe unter die einheimische Bevölkerung schien ein ausgezeichneter politischer Einfall zu sein, um die breiten antisemitischen Bevölkerungsschichten in den osteuropäischen Ländern zu gewinnen, sie über den Verlust ihrer politischen Unabhängigkeit hinwegzutrösten und sie mit dem Beispiel eines Volkes einzuschüchtern, das bisher ein schlimmeres Schicksal zu erleiden hatte. Was man noch zusätzlich zu diesen Maßnahmen erwarten konnte, das waren einerseits Hungersrationen, andererseits Zwangsarbeit während des Krieges; im

5. Das Rundschreiben des Außenministeriums an alle deutschen Dienststellen im Ausland vom Januar 1939 über »Die Judenfrage als Faktor der deutschen Außenpolitik im Jahr 1938« lautete: »Die Auswanderung von nur rund 100000 Juden hat schon gereicht, das Interesse, wenn nicht gar das Verständnis für die jüdische Gefahr in vielen Ländern zu wecken. Wir können davon ausgehen, daß die Judenfrage sich hier zu einem Problem der internationalen Politik ausweiten wird, wenn eine größere Anzahl Juden aus Deutschland, Polen, Ungarn und Rumänien in Bewegung gebracht werden .... Deutschland ist sehr daran interessiert, die Zerstreuung des Judentums aufrechtzuerhalten .... der Zustrom von Juden in alle Teile der Welt beschwört die Opposition der einheimischen Bevölkerung herauf und stellt damit die beste Propaganda für die deutsche Judenpolitik dar .... Je ärmer der einwandernde Jude ist und je mehr er dem Aufnahmeland zur Last fällt, desto heftiger wird dieses Land reagieren.« Vgl. *Nazi Conspiracy*, a.a.O., Bd.6, S.87 ff.

Fall eines Sieges, so schien es, waren alle diese Maßnahmen die Vorbereitung auf die als Projekt angekündigte Errichtung eines jüdischen Reservats in Madagaskar.[6] Fest steht, daß derartige Maßnahmen (und nicht Tötungsfabriken) nicht nur von der Außenwelt und vom jüdischen Volk selbst erwartet wurden, sondern auch von den höchsten deutschen Beamten in der Verwaltung der besetzten Ostgebiete und sogar von hochrangigen Funktionären in der Nazipartei.[7]

6. Dieses Projekt wurde von den Nazis bei Kriegsbeginn propagiert. Alfred Rosenberg kündigte bei einer Rede am 15. Januar 1939 an, die Nazis forderten, daß »jene Völker, die den Juden wohlgesonnen sind, vor allem die westlichen Demokratien, die über so viel Raum verfügen .... ein Gebiet außerhalb von Palästina für die Juden bereitstellen, selbstverständlich um dort ein jüdisches Reservat und nicht einen jüdischen Staat zu errichten.« Vgl. *Nazi Conspiracy*, a.a.O., Bd.6, S.93.

7. Es ist sehr interessant, in den in *Nazi Conspiracy* und *Trial of the Major War Criminals* (Nürnberg 1947) abgedruckten Nazidokumenten nachzulesen, wie wenig Personen selbst in der NSDAP auf die Ausrottungspolitik vorbereitet gewesen waren. Die Vernichtungsmaßnahmen wurden, auf Veranlassung von Himmler und Hitler, immer von SS-Truppen durchgeführt, gegen den Protest von zivilen und militärischen Dienststellen. Alfred Rosenberg, dem die Verwaltung der besetzten russischen Gebiete unterstand, beschwerte sich 1942 darüber, daß »neue Generalbevollmächtigte (d.h. SS-Offiziere) sich um die Durchführung von direkten Aktionen in den besetzten Ostgebieten kümmerten und dabei jene Amtsträger übergingen, die vom Führer persönlich eingesetzt worden waren« (d.h. Nazi-Beamte, die nicht der SS angehörten); vgl. *Nazi Conspiracy*, a.a.O., Bd.4, S.65 ff. – Berichte über die Verhältnisse in der Ukraine (vgl. *Nazi Conspiracy*, Bd.3, S.83 ff.) zeigen eindeutig, daß weder die Wehrmacht noch Rosenberg Klarheit über die Entvölkerungspläne von Hitler und Himmler besaßen. Selbst im September 1943, als schon die meisten Parteifunktionäre nicht mehr zu widersprechen wagten, erlaubte sich Hans Frank, der Generalgouverneur von Polen, während einer Sitzung des Kriegswirtschaftsstabes und des Verteidigungsausschusses folgende Bemerkung: »Sie kennen ja die törichte Einstellung der Minderwertigkeit der uns unterworfenen Völker, und zwar in einem Augenblick, in welchem die Arbeitskraft dieser Völker eine der wesentlichsten Potenzen unseres Siegringens darstellt.« Vgl. *Trial of the Major War Criminals*, a.a.O., Bd.29, S.672.

Weder das Schicksal der europäischen Judenheit, noch die Errichtung von Tötungsfabriken kann vollständig mit dem Hinweis auf den Antisemitismus erklärt werden. Beides liegt jenseits antisemitischer Gedankengänge und jenseits der politischen, sozialen und ökonomischen Motive, die hinter der Propaganda antisemitischer Bewegungen stehen. Der Antisemitismus hat nur den Boden dafür bereitet, die Ausrottung ganzer Völker mit dem jüdischen Volk zu beginnen. Man weiß heute, daß im Vernichtungsprogramm von Hitler auch die Liquidation eines großen Teils des deutschen Volkes vorgesehen war.[8]

Bei den Nazis, besser gesagt bei jenem Teil der Nazipartei, der unter der Anleitung von Himmler und mit der Hilfe der SS-Truppen tatsächlich mit der Massenvernichtung begann, bestand keinerlei Zweifel daran, daß sie mit ihren Taten vollkommen neues Terrain betreten hatten, sie wußten, daß ihnen diese Dinge nicht einmal ihre schlimmsten Feinde zutrauten. Und sie waren sich ganz sicher, daß eine der größten Chancen für den Erfolg dieses Unterfangens gerade in der äußersten Unwahrscheinlichkeit lag, daß irgendwer in der Welt es für wahr halten könnte.[9] Denn die Wahr-

8. Im Verlauf einer Diskussion in Hitlers Hauptquartier über die Maßnahmen, die nach Kriegsende getroffen werden sollten, schlug Hitler die Einführung eines Volksgesundheitsattests vor: »Nach einer staatlichen Röntgenuntersuchung soll der Führer eine Liste erhalten, auf der alle Kranken, besonders die Lungen- und Herzkranken erfaßt sind. Auf der Grundlage des neuen Reichsgesundheitsgesetzes .... werden diese Familien aus der Öffentlichkeit verschwinden und dürfen auch keine Kinder mehr bekommen. Was mit diesen Familien dann geschieht ist künftigen Führerbefehlen vorbehalten.« Vgl. *Nazi Conspiracy*, a.a.O., Bd.7, S.175 (ohne Datum).

9. »Man muß sich nur einmal vorstellen, diese Berichte würden der Gegenseite bekannt und von ihr ausgeschlachtet. Aller Wahrscheinlichkeit nach wäre eine derartige Propaganda wirkungslos, und zwar allein deshalb, weil Leute, die davon hören oder darüber etwas lesen,

heit war, daß im Unterschied zu allen anderen antijüdischen Maßnahmen, die einen gewissen Sinn machten und ihren Urhebern irgendwie zu nutzen schienen, die Gaskammern niemandem nutzten. Die Deportationen, die während einer Periode akuter Transportmittelknappheit durchgeführt wurden, wie die Errichtung kostspieliger Fabriken, dazuhin die für Kriegsanstrengungen blockierten Arbeitskräfte, und nicht zuletzt die weithin demoralisierende Wirkung auf das deutsche Militär wie auf die Bevölkerung der besetzten Gebiete – dies alles wirkte sich verheerend auf die Kriegsführung im Osten aus, worauf militärische Stellen und auch Nazifunktionäre wiederholt hinwiesen und gegen die SS-Truppen protestierten.[10] Derartige Einwände wurden indessen nicht einfach von jenen übersehen, die sich selbst das Kommando über die Massenvernichtung übertragen hatten. Selbst Himmler

ganz einfach nicht bereit sind es zu glauben.« Aus einem Geheimbericht über die Tötung von 5000 Juden im Juni 1943. Vgl. *Nazi Conspiracy*, a.a.O., Bd.1, S.1001.

10. Man muß erwähnen, daß die Militärs nicht so häufig und nicht so heftig protestierten wie alte Parteimitglieder. 1942 stellte Hans Frank emphatisch fest, daß die Verantwortung für die Ausrottung der Juden »höheren Orts« liege. Und er fuhr fort: »Ich konnte neulich nachweisen, ... daß (die Unterbrechung eines großen Bauvorhabens) nicht passiert wäre, wenn die vielen tausend Juden, die dort gearbeitet haben, nicht deportiert worden wären.« 1944 beschwert er sich nochmals und fügt hinzu: »Wenn wir den Krieg gewonnen haben, dann kann man meinetwegen Hackfleisch aus den Polen, den Ukrainern und allen anderen machen, die sich hier herumtreiben ....« (vgl. *Nazi Conspiracy*, a.a.O., Bd.4, S.902 und S.917). Während einer offiziellen Zusammenkunft in Warschau im Jahr 1943, brachte Staatssekretär Krüger die Sorge der Besatzungsstreitkräfte zum Ausdruck: »Die Polen sagen: Nach der Vernichtung der Juden wird man die gleichen Methoden anwenden, um die Polen aus dem Land zu schaffen und dann wie die Juden zu liquidieren.« Daß dies in der Tat der nächste vorgesehene Schritt war, geht aus einer Rede Himmlers vom März 1942 in Krakau hervor. Vgl. ebd. Bd.4, S.916 und Bd.3, S.640 ff.

wußte, daß er im Augenblick eines kritischen Arbeitskräftemangels eine ganze Menge von Arbeitern beseitigte, die man zumindest hätte sich zu Tode arbeiten lassen können anstatt sie umzubringen, ohne jeglichen Nutzen aus ihnen zu ziehen. Doch die Dienststelle Himmlers gab einen Erlaß nach dem anderen heraus, in welchem die Militärkommandeure wie auch die Funktionäre in der Parteihierarchie darauf hingewiesen wurden, daß weder ökonomische noch militärische Erwägungen das Vernichtungsprogramm beeinträchtigen dürften.[11]

Im Rahmen totalitärer Herrschaft erscheint das Vernichtungslager als die konsequenteste Form des Konzentrationslagers. Die Vernichtung widerfährt menschlichen Wesen, die praktisch bereits »tot« sind. Konzentrationslager gab es schon lange bevor der Totalitarismus daraus die zentrale Institution von Herrschaft gemacht hat,[12] und ihr eigentümlicher Charakter bestand immer schon darin, daß sie keine Einrichtungen zur Strafverbüßung und ihre Insassen keines Verbrechens beschuldigt waren. Im großen und ganzen waren diese Lager dafür vorgesehen, »unerwünschte Elemente« aufzunehmen, d.h. Personen, die aus dem einen oder anderen Grund ihrer juristischen Person beraubt waren und denen man den legalen Status innerhalb der Rechtsordnung des Landes, in dem sie lebten, aberkannt hatte. Zwar wurden die Konzentrationslager totalitärer Prägung zuerst für Leute errichtet, die ein »Verbrechen« begangen hatten, nämlich das Verbrechen, gegen die herrschende Macht in Opposi-

11. Daß »wirtschaftliche Gesichtspunkte bei der Lösung der (Juden)-frage gänzlich unberücksichtigt bleiben sollten«, mußte von 1941 an immer wiederholt werden. Ebd. Bd.6, S.402.

12. Konzentrationslager tauchten erstmals im Burenkrieg auf, die Idee der »Schutzhaft« zuerst in Indien und Südafrika.

tion zu stehen, aber die Zunahme der Lager korrespondierte mit der Abnahme politischer Opposition, und sie wurden schließlich immer größer als das Reservoir an echten Regimegegnern erschöpft war. Die frühen Nazilager waren schlimm genug, aber man konnte ihre Einrichtung noch nachvollziehen: sie wurden von der SA mit bestialischen Methoden betrieben und hatten einen offenkundigen Zweck. Angst und Schrecken sollte verbreitet, herausragende politische Persönlichkeiten sollten getötet, die Opposition ihrer Führer beraubt, deren mögliche Nachfolger ein für allemal abgeschreckt und das Verlangen der SA-Männer befriedigt werden, sich nicht nur an ihren unmittelbaren Gegnern, sondern auch an den Angehörigen der oberen Klassen zu rächen. In dieser Hinsicht war der SA-Terror eindeutig ein Kompromiß zwischen dem Regime, das zu diesem Zeitpunkt seine potenten Gönner in der Industrie nicht verlieren wollte, und der Bewegung, der eine wirkliche Revolution in Aussicht gestellt worden war. Doch im Januar 1934 war, zumindest nach Meinung der Gestapo und hochrangiger Nazifunktionäre, die antinazistische Opposition völlig zum Erliegen gekommen.[13] 1936 hatte das neue Regime die Sympathien der überwältigenden Mehrheit

13. 1934 wollte Reichsinnenminister Wilhelm Frick, ein altgedientes Parteimitglied, eine Verordnung erlassen, »die besagte, daß „in Anbetracht" der „Stabilisierung der nationalen Lage" und „um Mißbräuche bei der Verhängung von Schutzhaft zu verringern" .... „der Reichsminister entschieden hat", Einschränkungen bei der Anwendung der Schutzhaft vorzunehmen.« Vgl. *Nazi Conspiracy*, a.a.O., Bd.2, S.259 und Bd.7, S.1099. Dieser Erlaß wurde nie veröffentlicht und die Anwendung der »Schutzhaft« nahm 1934 enorm zu. Einer eidesstattlichen Aussage von Rudolf Diels zufolge, dem früheren Chef der politischen Polizei in Berlin und dem 1933 amtierenden Chef der Gestapo, hatte sich die politische Lage im Januar 1934 völlig stabilisiert. Ebd. Bd.5, S.205.

der Bevölkerung gewonnen: die Arbeitslosigkeit war beseitigt, der Lebensstandard der unteren Klassen stieg ständig an, und damit hatte sich der entscheidende soziale Konfliktstoff mehr oder weniger in Luft aufgelöst. Die Folge davon war, daß die Zahl der Lagerhäftlinge einen einmaligen Tiefstand erreichte, aus dem einfachen Grund, daß es keine aktiven oder verdächtigen Regimegegner mehr gab, die in »Schutzhaft« hätten genommen werden können.

Erst nach 1936, d.h. nach der inneren Befriedung, wurde die Nazibewegung innen- und außenpolitisch radikaler und aggressiver. Je weniger Feinde der Nazismus innerhalb Deutschlands hatte und je mehr Freunde er im Ausland gewann, desto unnachgiebiger und extremer wurde sein »revolutionäres Prinzip.«[14] Der neuerliche Aufstieg der Konzentrationslager begann 1938 mit der Massenverhaftung männlicher deutscher Juden während des Novemberpogroms; diese Entwicklung war jedoch von Himmler bereits 1937 bei einer Rede vor hohen Reichswehroffizieren angekündigt worden, als er erklärte, daß man »im Kriegsfall mit einem zusätzlichen Schauplatz, mit dem Inland« rechnen müsse.[15] Für derlei »Befürchtungen« bot die Wirklichkeit nicht den geringsten Anlaß, und niemand wußte dies besser als der Chef der deutschen Polizei. Als der Krieg dann ein Jahr später ausbrach, ließ er diese herbeigezogene Behauptung umstandslos fallen und betraute nicht etwa SS-Truppenverbände

14. So formulierte es Wilhelm Stuckert, Staatssekretär im Innenministerium. Ebd. Bd.8, S.738.

15. Vgl. Heinrich Himmler, »On Organization and Obligation of the SS and the Police«, (Über Organisation und Pflichten der SS und der Polizei), in: »Nationalpolitischer Lehrgang der Wehrmacht vom 15. - 23. Januar 1937« (nur für Wehrmachtsangehörige). Vgl. *Nazi Conspiracy*, a.a.O., Bd.4, S.616 ff.

mit Polizeiaufgaben innerhalb Deutschlands, sondern schickte sie sofort nach dem erfolgreichen Abschluß der Kriegshandlungen in die Ostgebiete, wo sie die Besetzung der besiegten Länder übernehmen sollten. Als die Partei später entschied, die alleinige Kontrolle über die ganze Wehrmacht zu übernehmen, schickte Himmler seine SS-Verbände ohne Umschweife an die Front.

Die Hauptaufgabe der SS bestand jedoch immer, selbst während des Krieges, in der Kontrolle und Verwaltung der Konzentrationslager, aus denen man die SA vollständig entfernt hatte. (Nur in den letzten Kriegsjahren spielte die SA nochmals eine etwas bescheidene Rolle im Lagerwesen, aber zu diesem Zeitpunkt waren die SA-Einheiten der SS untergeordnet.) Was uns als neues und auf den ersten Blick unbegreifliches Phänomen irritiert, das ist eben dieser Typus von Konzentrationslager und nicht dessen anfängliche Form.

Nur ein Bruchteil der Insassen dieser neuen Lager, in der Regel Überlebende aus deren Frühzeit, konnte als Regimegegner gelten. Größer war der Anteil von Kriminellen, die nach der Verbüßung ihrer normalen Haftzeit in die Lager geschickt wurden, und von sogenannten asozialen Elementen, Homosexuellen, Landstreichern, Arbeitsscheuen und dergleichen. Jedoch die überwältigende Mehrheit, die Masse der Lagerinsassen, war aus der Sicht des Regimes betrachtet vollkommen unschuldig, in jeder Beziehung harmlos und hatte sich weder einer politischen Überzeugung noch einer kriminellen Handlung schuldig gemacht.

Eine zweite Besonderheit der Lager, die unter der Herrschaft von Himmler und der SS errichtet wurden, war ihr permanenter Charakter. Im Vergleich mit Buchenwald, wo 1944 mehr als 80000 Häftlinge untergebracht waren, sind alle früheren Lager bedeutungslos.[16] Und noch offenkundiger ist der permanente Charakter der Gaskammern, deren kostspielige Apparatur die Jagd nach neuem »Menschenmaterial« zur Fabrikation von Leichen fast zu einer Notwendigkeit machte.

Von großer Bedeutung für die Entwicklung der Gesellschaft im Konzentrationslager war der neue Typus der Lagerverwaltung. Die frühere Grausamkeit der SA-Einheiten, die sich austoben und nach Belieben töten konnten, wurde nun ersetzt durch eine regulierte Todesrate[17] und eine präzise organisierte Folter, bei der

16. Die nachfolgende Übersicht zeigt den Anstieg der Häftlingszahl und die Totesrate im Konzentrationslager Buchenwald von 1937-1945. Die Zahlen wurden aus verschiedenen Tabellen zusammengestellt, die man in *Nazi Conspiracy*, a.a.O., Bd. 4, S. 800 ff. findet.

Jahr	Einlieferung	Lagerstärke		Tote (2)	Selbstmorde
		Hochstand	Tiefstand		
1937	2,912	2,561	929	48	-
1938	20,122 (1)	18,105	2,633	771	11
1939	9,553	12,775	5,392	1,235	3
1940	2,525	10,956	7,383	1,772	11
1941	5,896	7,911	6,785	1,522	17
1942	14,111 (3)	10,075	7,601	2,898	3
1943	42,172	37,319	11,275 (4)	3,516	2
1944	97,866	84,505	41,240	8,644	46
1945	42,823 (5)	86,232	21,000 (6)	13,056	16

(1) Hierbei handelt es sich natürlich zumeist um Juden.

(2) Die Gesamtzahl der Todesfälle liegt sicherlich sehr viel höher und wird auf ungefähr 50 000 geschätzt.

(3) Diese Zahl verweist auf den Zustrom aus den besetzten Ostgebieten.

(4) Die Differenz zwischen Einlieferung und Lagerstärke, bzw. zwischen Hoch- und Tiefstand zeigt nicht mehr an, daß Personen entlassen, sondern daß sie in andere KZ oder in Vernichtungslager weitertransportiert wurden.

(5) Nur in den ersten drei Monaten von 1945.

(6) Lagerstärke bei der Befreiung.

17. Bei dem folgenden handelt es sich um den Auszug eines Briefes, den das SS-Wirtschaftsverwaltungshauptamt an alle Lagerkomman-

es nicht so sehr darauf ankam, den Tod sofort herbeizuführen, als das Opfer in einen permanenten Zustand des Sterbens zu versetzen. Weite Bereiche der Binnenverwaltung des Lagers wurden den Häftlingen übertragen, die nun ihre Mithäftlinge meist auf dieselbe Art mißhandeln mußten wie es die SS tat. Als sich das System im Lauf der Zeit eingespielt hatte, wurden Folter und Mißhandlung immer mehr zum Privileg der sogenannten *Kapos*. Diese Entwicklung war weder zufällig, noch war sie auf die wachsende Größe der Lager zurückzuführen. In einer Reihe von Fällen wurde die SS im Lager ausdrücklich angewiesen, Hinrichtungen nur durch Häftlinge vornehmen zu lassen. In ähnlicher Weise wurde der Massenmord, beim Vergasen oder bei Massenhinrichtungen in gewöhnlichen Lagern, weitgehend mechanisiert.[18] Das Ergebnis war, daß die Bevölkerung in den SS-Lagern sehr viel länger am Leben blieb als in den früheren Lagern; man hat den Eindruck, daß es nur dann zu einer neuen Terrorwelle oder zu Massendeportationen in die Vernichtungslager kam, wenn neuer Nachschub zugesichert war.

Die Verwaltung wurde in die Hände der Kriminellen gelegt, die die unangefochtene Lageraristokratie bildeten, bis Anfang der vierziger Jahre Himmler wi-

danten richtete: »... eine Zusammenstellung der gegenwärtigen Zu- und Abgänge in allen Konzentrationslagern .... ergibt, daß von 136000 Zugängen ungefähr 7000 verstorben sind. Bei einer derart hohen Sterberate kann die Häftlingszahl nie auf den vom Reichsführer SS angeordneten Stand gebracht werden .... Der Reichsführer hat angeordnet, daß die Sterberate unbedingt reduziert werden muß ....« Vgl. ebd. Bd.4, Anhang II.

18. Ernest Feder berichtet in seinem »Essai sur la Psychologie de la Terreur« (in *Synthesis*, Brüssel 1946) von einem Befehl der SS, täglich siebenhundert russische Kriegsgefangene auf die Weise zu töten, daß ohne Sicht auf die Opfer durch ein Loch geschossen wird.

derwillig äußerem Druck nachgab und die Lager zur Ausbeutung der Arbeitskraft öffnete. Jetzt stiegen die politischen Gefangenen, meist alteingesessene Häftlinge, zur Lagerelite auf, denn die SS hatte bald erkannt, daß eine organisierte Arbeitsleistung unter dem chaotischen Regime der Kriminellen nicht durchsetzbar war. In keinem einzigen Fall wurde die Lagerverwaltung der größten und harmlosesten Gruppe unter den vollkommen unschuldigen Häftlingen übertragen. Diese Kategorie von Insassen befand sich im Gegenteil immer auf der untersten Stufe in der Lagerhierarchie, sie erlitt die schwersten Verluste durch Deportationen und war den Grausamkeiten am meisten ausgesetzt. Mit anderen Worten: man war im Konzentrationslager sehr viel sicherer, wenn man ein Mörder oder ein Kommunist war, als bloß ein Jude, ein Pole oder ein Ukrainer.

Ein weit verbreitetes Vorurteil besteht in der Vorstellung, die SS sei eine negative Auslese von Kriminellen gewesen, ein Verein von Sadisten und Halbverrückten, was allenfalls auf die früheren SA-Einheiten zutrifft, die sich in der Regel freiwillig zum Dienst im Konzentrationslager gemeldet hatten. Alle Tatsachen sprechen dafür, daß die diensttuenden SS-Männer völlig normal waren; sie wurden nach den unwahrscheinlichsten Kriterien ausgewählt,[19] von denen jedoch kei-

19. Himmler (a.a.O.) beschrieb die Auswahlmethoden folgendermaßen: »Ich habe keine Personen angenommen, die kleiner als 1,70 Meter waren, ... weil ich wußte, daß Menschen ab einer gewissen Größe auch bis zu einem gewissen Grad über die gewünschte Abstammung verfügen.« Er ließ sich auch Photographien von den Bewerbern geben, die ihre Vorfahren bis zurück ins Jahr 1750 nachweisen mußten; sie durften keine politisch übel beleumundeten Verwandten haben, mußten sich »aus eigenen Mitteln schwarze Hosen und Stiefel beschaffen« und mußten schließlich persönlich vor einer Rassenkommission erscheinen.

nes die Auswahl besonders unbarmherziger oder sadistischer Personen garantierte. Außerdem wurde die Lagerverwaltung so gehandhabt, daß ohne jeden Zweifel die Häftlinge die gleichen »Pflichten« innerhalb dieses Systems erfüllen konnten wie ihre Bewacher.

Es ist kaum nachvollziehbar, und man macht sich nur unter Grausen eine Vorstellung davon, wie total die Lager von der Außenwelt isoliert waren: so als wären die Lager und ihre Insassen nicht mehr Teil dieser Welt. Diese Isolation, die schon für frühere Formen von Konzentrationslagern charakteristisch war und unter totalitären Regimes nur perfektioniert wurde, kann man nicht mit der Isolation von Gefängnissen, Ghettos oder Arbeitslagern vergleichen. Gefängnisse sind nie völlig aus der gesellschaftlichen Umgebung herausgetrennt, denn sie bilden einen wichtigen, zu ihr gehörigen Teil und sind ihren Gesetzen unterworfen. Durch Zwangsarbeit oder andere Formen der Sklaverei wird kein absoluter Trennungsstrich zur Gesellschaft gezogen; schon allein über die Arbeit findet immer noch eine Berührung mit der Umwelt statt, aus der die Sklaven tatsächlich ja auch nie ausgestoßen wurden. Die von den Nazis errichteten Ghettos sind ähnlich isoliert wie die Konzentrationslager; doch in ihnen wurden Familien und nicht Einzelpersonen abgesondert, so daß eine Art geschlossene Gesellschaft entstand und der Anschein eines normalen Lebens gewahrt wurde; es waren genügend soziale Beziehungen vorhanden, so daß zumindest eine Vorstellung von Zusammengehörigkeit entstehen konnte.

Nichts davon trifft auf die Konzentrationslager zu. Vom Augenblick seiner Verhaftung an sollte niemand draußen je wieder etwas vom Häftling hören, so als wäre er vom Erdboden verschluckt; nicht einmal für tot wurde er erklärt. Früher war es die Regel, daß die SA die Angehörigen vom Tod eines Konzentrationslagerhäftlings benachrichtigte, indem sie den Zinksarg oder eine Urne schickten; jetzt bestand die strikte Anordnung, »Dritte sind über den Verbleib des Häftlings im ungewissen zu lassen ... Dies heißt auch, daß die Angehörigen nichts davon erfahren, wenn solche Häftlinge in Konzentrationslagern sterben.«[20]

Zum obersten Ziel totalitärer Regierungen gehört nicht nur das offen eingestandene, langfristige Streben nach Weltherrschaft, sondern auch der nie zugegebene, jedoch sofort unternommene Versuch der totalen Beherrschung des Menschen. Die Konzentrationslager sind die Laboratorien für das Experiment der totalen Beherrschung, denn wegen der Beschaffenheit der menschlichen Natur, kann dieses Ziel nur unter den extremen Bedingungen einer von Menschen geschaffenen Hölle erreicht werden. Die totale Beherrschung ist dann erreicht, wenn die menschliche Person, die immer eine ganz eigene Mischung aus spontanem und bedingtem Verhalten darstellt, in ein völlig konditioniertes Wesen transformiert worden ist, dessen Verhaltensweisen selbst dann genau vorausberechnet werden können, wenn es in den sicheren Tod geführt wird. Diese Desintegration der Persönlichkeit wird schrittweise vollzogen, und mit der willkürlichen Verhaftung fängt es an. Nicht durch die Ungerechtigkeit der Verhaftung wird hierbei die juristische Person zerstört,

20. Vgl. *Nazi Conspiracy*, a.a.O., Bd.7, S.84 ff. Eine der vielen Anordnungen, mit denen Auskünfte über den Verbleib von Häftlingen verboten wurde, enthielt folgende Erklärung: »Der Abschreckungseffekt dieser Maßnahmen liegt a) darin, daß man den Angeklagten spurlos verschwinden lassen kann und b) darin, daß keinerlei Auskunft über seinen Verbleib und sein Schicksal gegeben wird.« Ebd. Bd.1., S.146.

sondern weil diese Verhaftung in überhaupt keinem Zusammenhang mit den Handlungen oder Meinungen der betreffenden Person steht. Der zweite Schritt ist die Zerstörung der moralischen Person. Diese Zerstörung wird dadurch erreicht, daß die Konzentrationslager von der übrigen Welt völlig abgeschnitten werden, ein Umstand, der Märtyrertum sinnlos, leer und lächerlich macht. Der letzte Schritt ist die Zerstörung der Individualität, was vor allem durch permanente und systematisch organisierte Folter besorgt wird. Das Endergebnis ist die Reduktion menschlicher Wesen auf den kleinsten gemeinsamen Nenner von »identischen Reaktionen«.

Mit einer solchen Gesellschaft, in der menschliche Wesen schrittweise dazu gebracht werden, bloß noch verläßliche Reaktionsbündel zu sein, müssen sich die Sozialwissenschaften auseinandersetzen, wenn sie die sozialen Verhältnisse der Lager untersuchen wollen. In dieser Atmosphäre verschmelzen Kriminelle, politische Gegner und »unschuldige« Menschen, herrschende Klassen steigen auf und gehen wieder unter, interne Hierarchien entstehen und verschwinden wieder, Feindschaft gegen die SS-Bewacher und die Lagerverwaltung machten der Mittäterschaft Platz, die Insassen assimilieren sich den Lebensauffassungen ihrer Verfolger, obgleich letztere kaum den Versuch machen, sie zu indoktrinieren.[21] Die von den Häftlingen so heftig empfundene Unwirklichkeit, die das höllische Experiment umgibt und Bewacher, aber auch Häftlinge, vergessen läßt, daß ein Mord begangen wird, wenn einer oder viele getötet werden, erschwert eine wissenschaftliche Untersuchung dieser Einrichtung ebenso

21. Unter Himmlers Regime war »jegliche Form von ideologischer Unterweisung« ausdrücklich verboten.

sehr wie deren nutzloser Charakter. Nur Menschen, die aus irgendeinem Grund kein Interesse an der Selbsterhaltung mehr haben und den gesunden Menschenverstand über Bord geworfen haben, konnten sich mit einem derartigen Fanatismus auf pseudowissenschaftliche Überzeugungen stürzen (den Gesetzen des Lebens oder der Natur), der im Hinblick auf die unmittelbaren praktischen Ziele (nämlich den Krieg zu gewinnen oder die Arbeitskraft auszubeuten) ganz offensichtlich selbstzerstörerisch war. »Normale Menschen wissen nicht, daß alles möglich ist,«[22] sagte einer der Überlebenden von Buchenwald. Sozialwissenschaftler, also normale Menschen, werden große Schwierigkeiten haben, wenn sie verstehen wollen, daß die Beschränkungen, von denen man annimmt, sie seien dem Menschen in Fleisch und Blut übergegangen, durchbrochen werden können; daß Verhaltensmuster und Motive, die man gewöhnlich weder mit der Psychologie einer bestimmten Nation oder Klasse noch mit einem bestimmten historischen Augenblick assoziiert, sondern der menschlichen Psychologie ganz allgemein zuschreibt, keine oder nur noch eine ganz zweitrangige Rolle spielen; daß objektive Notwendigkeiten, die man als wichtigen Teil der Realität zu sehen gewohnt ist, und an die sich anzupassen bloß eine Frage elementarer Vernunft zu sein scheint, ganz außer acht gelassen werden können. Von außen betrachtet scheinen beide, Opfer und Verfolger verrückt zu sein, und das Lagerleben erinnert den Betrachter an nichts so sehr wie an ein Irrenhaus. Der gesunde Menschenverstand, für dessen Nützlichkeitsdenken stets das Gute als auch das Böse einen Sinn macht, wird durch nichts so sehr beleidigt wie durch die vollkommene

22. David Rousset, *The other Kingdom*, New York 1947.

Sinnlosigkeit einer Welt, in der die Strafe den Unschuldigen mehr ereilt als den Verbrecher, in welcher es gar nicht darauf ankommt, daß Arbeit sich in Produkten vergegenständlicht und in welcher sich Verbrechen nicht auszahlen und von den Urhebern auch nicht einmal mit diesem Vorsatz begangen werden. Denn einen Gewinn, der erwartungsgemäß erst in Jahrhunderten erzielt wird,[23] den kann man schwerlich als Anreiz bezeichnen, schon gar nicht in einer außergewöhnlichen militärischen Notlage.

Die Tatsache, daß das ganze Vernichtungsprogramm mit Hilfe einer wahnwitzigen Logik von den Prämissen des Rassismus abgeleitet werden konnte, macht alles noch verwirrender, denn die gleichsam über eine Welt voll fabrizierter Sinnlosigkeit gestülpte Ideologie erklärt »alles« und damit nichts. Doch es bestehen kaum Zweifel daran, daß die Urheber dieser unvorhersehbaren Verbrechen diese Verbrechen im Namen ihrer Ideologie begangen haben, von der sie glaubten, sie sei durch die Wissenschaft, die Erfahrung und durch die Gesetze des Lebens bewiesen.

Wenn man sich mit den zahlreichen Berichten von

23. Es war Himmlers Spezialität, in Jahrhunderten zu denken. Er erwartete, daß sich die Ergebnisse des Krieges »erst in Jahrhunderten« in Form eines »Germanischen Weltreiches« auszahlten. (Vgl. seine Rede vom April 1943 in Kharkov, in *Nazi Conspiracy*, a.a.O., Bd.4, S.572 ff.); als man ihm den »beklagenswerten Verlust von Arbeitskräften« mitteilte, der durch den Tod »Dutzender und Hunderter« von Häftlingen verursacht wurde, betonte er, daß man dieses »Denken in Generationen nicht bereuen wird.« (Vgl. seine Ansprache vor SS-Generalmajoren im Oktober 1943 in Posen, ebd. Bd.4, S.558 ff.). Bei der Ausbildung der SS-Truppen wurden ähnliche Argumente verwandt: »Alltagsprobleme gehen uns nichts an .... wir sind nur an ideologischen Fragen interessiert, deren Bedeutung nach Jahrzehnten und Jahrhunderten gerechnet wird, damit der einzelne Mann .... weiß, daß er an einer großen Aufgabe arbeitet, wie sie nur alle 2000 Jahre vorkommt.« (Vgl. seine Rede von 1937, a.a.O.)

Überlebenden beschäftigt, die mit bemerkenswerter Monotonie immer von den gleichen Schrecken und den gleichen Reaktionen »berichten, aber nichts vermitteln«,[24] dann ist man fast versucht, eine Liste der Phänomene aufzustellen, die nicht in die allgemeinsten Vorstellungen passen, welche wir vom menschlichen Dasein und Verhalten besitzen. Wir wissen nicht und können deshalb nur Vermutungen darüber anstellen, warum gerade die Kriminellen den desintegrierenden Einflüssen des Lagerlebens länger widerstanden haben als alle anderen Häftlingsgruppen und warum die Unschuldigen in allen Fällen jenen Tendenzen am ehesten erlegen sind.[25] Anscheinend war es in einer solchen Extremsituation für das Individuum wichtiger, daß es seine Leiden als Strafe für ein tatsächlich begangenes Verbrechen oder als ein wirkliches Vergehen gegen das herrschende Regime verstehen konnte, als mit einem sogenannten guten Gewissen herumzulaufen. Die Täter andererseits zeigten nach Kriegsende, als bei Prozessen ein bißchen Selbstbezichtigung doch hätte hilfreich

24. Vgl. den Sammelband mit Berichten von Überlebenden polnischer und sowjetischer Konzentrationslager *The Dark Side of the Moon*, New York 1947.

25. Diese Tatsache wird in vielen veröffentlichten Berichten hervorgehoben. Besonders Bruno Bettelheim hat sich damit auseinandergesetzt in »Behavior in Extreme Situations« (*Journal of Abnormal and Social Psychologie*, Vol.37, 1943; dtsch. »Individuelles und Massenverhalten in Extremsituationen«, in *Erziehung zum Überleben*, a.a.O. S.58 ff. – A.d.Ü.). Bettelheim unterscheidet die Selbstachtung der Kriminellen und politischen Häftlinge vom mangelnden Selbstwertgefühl derjenigen, die sich überhaupt nichts hatten zuschulden kommen lassen. Letztere »waren am wenigsten in der Lage, dem Anfangsschock zu widerstehen« und die ersten, deren Persönlichkeit sich veränderte. Bettelheim irrt jedoch, wenn er dies der Mittelschichtherkunft der »Unschuldigen« – damals meist Juden – zuschreibt; man weiß aus anderen Berichten, vor allem auch aus der Sowjetunion, daß die Desintegration der Persönlichkeit von »Unschuldigen« der Unterklasse sich genau so schnell vollzog.

sein können, nicht einmal die Spur von Reue; sie versicherten beständig, die Verantwortung für die Verbrechen liege bei übergeordneten Instanzen. Dies Verhalten scheint darauf hinzuweisen, daß die Furcht vor Verantwortung nicht nur stärker ist als das Gewissen, sondern unter bestimmten Umständen auch stärker als die Angst vor dem Tod. Wir wissen, daß die Konzentrationslager als Laboratorien dienen sollten, um Menschen in Reaktionsbündel zu verwandeln, damit sie sich wie Pawlowsche Hunde verhielten und ihnen jegliche spontane Regung ausgetrieben war; aber wir können nur raten, wie weit dies alles gegenwärtig möglich ist und was mit dem gesellschaftlichen und individuellen Verhalten des Menschen geschehen könnte, wenn dieser Prozeß einmal bis zu den Grenzen des Möglichen fortgeführt werden sollte – die schreckliche Fügsamkeit, mit der alle Menschen im Lager in den sicheren Tod gegangen sind und der erstaunlich geringe Anteil von Selbstmorden sind jedenfalls furchterregende Anzeichen.[26] Wir wissen von der irrealen Atmosphäre, von der die Überlebenden so einförmig berichten; aber wir können vorerst nur raten, in welcher Form sich menschliches Leben abspielen wird, wenn es so eingerichtet ist, als ereignete es sich auf einem anderen Stern.

Ist schon unser gemeiner Verstand überfordert, sich mit Taten zu befassen, die weder aus Leidenschaft noch wegen eines Vorteils begangen wurden, so erst recht unsere Ethik angesichts von Verbrechen, die mit den Zehn Geboten nicht vorhersehbar waren. Es ist sinnlos, einen Menschen zu hängen, der an der Fabrikation von Leichen teilgenommen hat (obwohl man

26. Auf diesen Aspekt wird besonders bei David Rousset *Les Jours de Notre Mort*, Paris 1947, hingewiesen.

sicher keine andere Wahl hat). Hier handelt es sich um Verbrechen, dem keine Strafe je entspricht, denn jedes Strafmaß ist durch die Todesstrafe begrenzt.

Die größte Gefahr beim Versuch, die jüngste Geschichte plausibel zu erklären, liegt in der allzu verständlichen Neigung des Historikers, Analogien zu ziehen. Man muß jedoch begreifen, daß Hitler kein Dschingis Khan und nicht schlimmer als irgendein anderer großer Verbrecher war, sondern absolut anders. Das einzigartige ist weder der Mord an sich, noch die Zahl der Opfer, ja nicht einmal »die Anzahl der Personen, die sich zusammengetan haben, um all dies zu verüben«.[27] Viel eher ist es der ideologische Unsinn, die Mechanisierung der Vernichtung und die sorgfältige und kalkulierte Errichtung einer Welt, in der nur noch gestorben wurde, in der es keinen, aber auch gar keinen Sinn mehr gab.

27. Robert H. Jackson, *Nazi Conspiracy*, a.a.O., Bd.2, S.3

Antisemitismus und faschistische Internationale

I.

Überall wird der Faschismus kurzerhand mit der Bemerkung für erledigt gehalten, daß außer dem Antisemitismus nichts von ihm übriggeblieben sei. Und was den Antisemitismus betrifft, so hat sich ja die ganze Welt, die Juden eingeschlossen, schon lange damit abgefunden, und deshalb erweckt jeder, der sich heute ernstlich darüber Sorgen macht, einen etwas lächerlichen Eindruck. Indessen kann kein Zweifel daran bestehen, daß der Antisemitismus das charakteristische Merkmal war, welchem die faschistische Bewegung ihre internationale Anziehungskraft und Mitläufer in jedem Land und jeder Klasse verdankte. Als globale Verschwörung gründete der Faschismus im wesentlichen auf dem Antisemitismus. Wenn also jemand sagt, daß der Antisemitismus das einzige Überbleibsel des Faschismus sein werde, dann bedeutet dies nicht mehr und nicht weniger als daß die Hauptstütze der faschistischen Propaganda, daß eines der wichtigsten Prinzipien faschistischer politischer Organisation überleben wird.

Die jüdische Gegenpropaganda hat einen äußerst zweifelhaften Erfolg damit errungen, daß sie die Antisemiten als bloße Spinner entlarvt und den Antisemitismus auf die banale Ebene eines nicht weiter diskussionswürdigen Vorurteils reduziert hat. Dies hatte zur Folge, daß die Juden sich nie – nicht einmal dann, als sie schon tödlich getroffen waren – bewußt wurden, daß sie mitten ins Sturmzentrum der politischen Gefahren unserer Zeit hineingezogen wurden. Auch Nichtjuden glauben deshalb immer noch, daß ein paar mitfühlende Worte für die Auseinandersetzung mit dem Antisemitismus ausreichten. Beide, Juden wie Nichtjuden, bringen unbeirrbar die moderne Version des Antisemitismus mit der bloßen Diskriminierung von Minderheiten durcheinander, und werden nicht einmal durch die Überlegung zur Vernunft gebracht, daß der Antisemitismus am erschreckendsten in einem Land ausbrach, in dem Juden vergleichsweise wenig diskriminiert wurden, während er in anderen Ländern mit stärkerer gesellschaftlicher Diskriminierung (wie zum Beispiel in den Vereinigten Staaten) sich nicht zu einer beachtlichen politischen Bewegung entwickeln konnte.

Tatsächlich ist der Antisemitismus eine der gefährlichsten politischen Bewegungen unserer Zeit. Der Kampf gegen ihn ist eine der lebenswichtigen Aufgaben der Demokratien, und wenn er überlebt, dann ist dies eines der bedeutsamsten Anzeichen für künftige Bedrohungen. Um ihn richtig beurteilen zu können, sollte man sich ins Gedächtnis zurückrufen, daß sich in den achtziger Jahren des vorigen Jahrhunderts die ersten antisemitischen Parteien – im Unterschied zur Praxis aller anderen rechten Parteien – auf internationaler Ebene zusammengeschlossen haben. Mit anderen Worten, der moderne Antisemitismus war nie bloß eine Angelegenheit des extremen Nationalismus: von Anfang an wurde er als Internationale betrieben. Das Lehrbuch dieser Internationale waren nach dem letzten Krieg die *Protokolle der Weisen von Zion*, ein

Text, der in jedem Land verbreitet und gelesen wurde, egal ob es dort viele, wenige oder überhaupt keine Juden gab. So ließ, um ein kaum zur Kenntnis genommenes Beispiel zu erwähnen, Franco die *Protokolle* während des Spanischen Bürgerkriegs übersetzen, obgleich Spanien aus Mangel an Juden kein jüdisches Problem für sich reklamieren konnte.

Die wiederholten Nachweise, daß es sich bei den *Protokollen* um eine Fälschung handelt, wie auch die unermüdlichen Enthüllungen ihrer wirklichen Entstehung, sind ziemlich irrelevant. Es ist von weitaus größerem Nutzen und von größerer Wichtigkeit, daß man nicht das erklärt, was an den *Protokollen* offenkundig, sondern was an ihnen mysteriös ist: vor allem, weshalb sie trotz der offensichtlichen Tatsache, daß es sich bei ihnen um eine Fälschung handelt, andauernd geglaubt werden. Hier und nur hier allein liegt der Schlüssel zu der Frage, die allem Anschein nach niemand mehr stellt, warum die Juden der Funke waren, an dem sich der Nazismus entzündete und warum der Antisemitismus der Kristallisationspunkt der faschistischen Bewegungen auf der ganzen Welt war. Daß die *Protokolle* selbst in Ländern Bedeutung gewannen, in denen von einem richtigen jüdischen Problem gar keine Rede sein konnte, beweist, wie recht Alexander Stein mit seiner wissenschaftlichen Abhandlung über *Adolf Hitler: Schüler der Weisen von Zion* hatte, einer Veröffentlichung, die in den dreißiger Jahren nicht auf das geringste Echo stieß. Er weist darin nach, daß die Organisation der angeblichen »Weisen von Zion« ein Modell war, dem die faschistische Organisation nacheiferte, und daß die *Protokolle* all die Grundsätze enthielten, die sich der Faschismus aneignete, um die Macht zu erringen. Das Geheimnis für den Erfolg dieser Fälschung war also in erster Linie nicht der Judenhaß, sondern viel eher die grenzenlose Bewunderung, die der Gerissenheit einer vorgeblich jüdischen Technik, sich weltweit zu organisieren, galt.

Läßt man den billigen Machiavellismus der *Protokolle* einmal außer acht, dann besteht ihr wesentlicher Grundzug, politisch gesprochen, darin, daß sie prinzipiell antinational sind; daß sie zeigen, wie die Nation und der Nationalstaat unterwandert werden können; daß sie sich nicht mit der Eroberung eines bestimmten Landes zufrieden geben, sondern auf die Eroberung der Weltherrschaft zielen; und schließlich, daß die darin beschriebene internationale Weltverschwörung eine ethnische und rassische Grundlage hat, die es Menschen ohne Staat oder Territorium ermöglicht, die ganze Welt mit den Mitteln und Methoden einer Geheimgesellschaft zu beherrschen.

Um zu glauben, daß Juden tatsächlich eine derart raffinierte Einrichtung benutzten (es gibt viele Menschen, die immer noch an die eigentliche Wahrheit der *Protokolle* glauben, selbst wenn sie eingestehen, daß es sich um eine Fälschung handelt), braucht man über sie nicht mehr zu wissen, oder sollte man über Juden nicht mehr wissen als daß sie es, zerstreut in alle Himmelsrichtungen, fertiggebracht haben, sich zweitausend Jahre hindurch ohne Staat und ohne Territorium als ethnisches Ganzes zu erhalten; daß sie in dieser ganzen Zeit durch persönliche Einflußnahme eine alles andere als unbedeutende Rolle in den Regierungen der Nationalstaaten gespielt haben und daß sie international durch Geschäftsbeziehungen, Familienbande und philanthropische Verbindungen miteinander verknüpft sind. Völkern, die an Politik gewöhnt sind, fällt es schwer zu verstehen, daß so große politische Machtchancen tatsächlich nie ausgenutzt worden sein sollten, nicht einmal ansatzweise mit der Absicht, sich zu verteidigen (wie schwer es fällt, dies zu verstehen, kann jeder Jude begreifen, wenn er Benjamin Disraeli aufmerksam liest. Disraeli war einer der ersten kultivierten Europäer, der an eine Art jüdischer Geheimgesellschaft in der Weltpolitik glaubte – und auch noch stolz darauf war). Diese paar Tatsachen, die auch diejenigen kennen, die nie wirklich einen Juden zu Gesicht bekommen haben, reichen aus, um dem Bild, das von den *Protokollen* gezeichnet wird, beträchtliche Plausibilität zu verleihen; jedenfalls soviel, daß es darüber hinaus zur Nachahmung reizt, zum imaginären Wettkampf um die Weltherrschaft – ausgerechnet mit den Juden.

Ein noch gewichtigeres Element als die Plausibilität des Judenbildes der *Protokolle* ist der außergewöhnliche Umstand, daß sie auf ihre eigene verrückte Weise jedes wesentliche politische Problem unserer Zeit anschneiden. Ihr durchweg antinationaler Tenor und ihre quasi-anarchistische Ablehnung des Staates korrespondieren auf höchst beeindruckende Weise mit wichtigen modernen Entwicklungen. Indem die *Protokolle* vorführen, wie der Nationalstaat unterminiert werden kann, zeigen sie ganz offen, daß sie ihn für einen Koloß auf tönernen Füßen halten, für eine überholte Form politischer Machtkonzentration. Damit bringen sie auf ihre eigene vulgäre Weise zum Ausdruck, was imperialistische Politiker und Parteien schon seit dem Ende des letzten Jahrhunderts unermüdlich mit nationalistischer Phraseologie zu überdecken glaubten: daß die nationale Souveränität kein taugliches Konzept der Politik mehr ist, da es keine politische Organisation mehr gibt, die ein souveränes Volk innerhalb nationaler Grenzen vertreten oder verteidigen kann. Deshalb führt der »Nationalstaat«, der seine eigentlichen Grundlagen eingebüßt hat, das Leben eines wandelnden Leichnams, dessen unechte Existenz dadurch künstlich verlängert wird, daß man ihm immer wieder eine Dosis imperialistischer Expansion verabreicht.

Die chronische Krise des Nationalstaats wurde unmittelbar nach dem Ende des ersten Weltkriegs akut. Der unverkennbare Fehlschlag beim Versuch, Ost- und Südosteuropa mit ihren gemischten Bevölkerungen nach dem Modell des westlichen Nationalstaates zu reorganisieren, war ein Faktor, der erheblich dazu beigetragen hat. Je mehr der Nationalstaat an Prestige verlor, um so stärker wuchs das allgemeine Interesse an den *Protokollen*. In den zwanziger Jahren begannen die Massen, sich besonders von allen diesen antinationalen Bewegungen angezogen zu fühlen. Der Umstand, daß die faschistischen wie die kommunistischen Bewegungen in den dreißiger Jahren in allen Ländern, mit Ausnahme von Deutschland, der Sowjetunion und Italien, als Fünfte Kolonnen, als Avantgarde der Außenpolitik fremder Mächte gebrandmarkt wurden, hat ihrer Sache nicht geschadet, sondern im Gegenteil eher genützt. Die Massen wußten sehr wohl über die Natur und die Absichten dieser Bewegungen Bescheid; doch trotzdem glaubte niemand mehr an nationale Souveränität, und man neigte dazu, der unverhohlenen antinationalen Propaganda der neuen Internationalen den Vorzug zu geben vor einem antiquierten Nationalismus, den man für scheinheilig und gleichzeitig für schwach hielt.

Das Motiv der Weltverschwörung in den *Protokollen* entsprach damals – wie heute auch noch – der veränderten Machtsituation, in der die letzten Jahrzehnte über Politik gemacht wurde. Es gibt nicht mehr irgendwelche Mächte, sondern Weltmächte, nicht mehr Machtpolitik, sondern Weltpolitik. Seit einem

Jahrhundert sind dies die Bedingungen des modernen politischen Lebens – Bedingungen allerdings, auf welche die westliche Zivilisation bislang keine angemessene Antwort gefunden hat. In einer Zeit, in der nur Fachleuten umfassende politische Informationen aus der ganzen Welt zur Verfügung stehen und in der Staatsmänner keinen anderen Zugang zur Weltpolitik gefunden haben als die Sackgasse des Imperialismus, wenden sich die anderen, die die weltweite Abhängigkeit aller untereinander vage verspüren, aber unfähig sind, die Funktionsweise dieser universalen Beziehungen zu durchdringen, fast wie von selbst der höchst simplen Annahme einer Weltverschwörung und einer globalen Geheimorganisation zu. Wenn sie dann aufgefordert werden, sich einer anderen, angeblich geheimen, in Wirklichkeit doch nicht ganz konspirativen Weltorganisation anzuschließen, stößt sie diese Idee nicht im geringsten ab – sie sehen darin nicht einmal etwas Außergewöhnliches. Sie sind offensichtlich der Meinung, daß dies der einzige Weg sei, wie man politisch aktiv werden könne.

Schließlich muß man noch darauf hinweisen, daß die Vorstellung einer weltweiten Organisation, deren Angehörige ein über den ganzen Globus zerstreutes ethnisches Ganzes bilden, sich nicht nur für die jüdische Situation eignet. So lange das jüdische Schicksal ein einzigartiges Kuriosum war, verließ sich der Antisemitismus auf die aus dem neunzehnten Jahrhundert vertrauten Argumente gegen den Eindringling und beschränkte sich auf die allgemeine Fremdenangst. Gleichzeitig war auch kein anderes Volk sehr daran interessiert, Spekulationen darüber anzustellen, wie es gerade die Juden zuwege gebracht hätten, ohne Staat und ohne Territorium zu überleben. Das von den Juden demonstrierte Beispiel, daß die Nationalität, daß die Bindung an ein Volk, das über keine politische Organisation verfügt, auch ohne Staat und eigenes Territorium aufrechterhalten werden kann, wurde jedoch nach dem Krieg, der die Frage der Minderheiten und Staatenlosen hinterließ, von fast allen europäischen Völkern wiederholt. Sie sind deshalb sogar noch mehr bereit als früher, jene Methoden zu akzeptieren, die angeblich das jüdische Volk zweitausend Jahre hindurch erhalten haben. Es ist kein Zufall, daß die Nazis gerade unter den Deutschen im Ausland eine so starke Gefolgschaft hatten und daß die charakteristischsten Abschnitte der Ideologie des Nationalsozialismus als einer internationalen Bewegung in der Tat von *Auslandsdeutschen* herrühren.

II.

Erst wenn man den Faschismus als eine gegen die Nation gerichtete internationale Bewegung begriffen hat, wird verständlich, warum die Nazis, die, was das Wohl ihres Volkes anbelangte, weder von nationalen Gefühlsregungen noch von menschlichen Skrupeln geplagt wurden, sondern mit beispielloser Kaltblütigkeit handelten, ihr Land in ein Chaos stürzen ließen. Die deutsche Nation ist ein Trümmerhaufen. Sie ging mit ihrem zwölfjährigen Terrorregime zugrunde, dessen politischer Apparat reibungslos bis zur letzten Minute funktioniert hat. Die Demarkationslinie, die Europa in den nächsten Jahrzehnten und vielleicht noch darüber hinaus schärfer durchteilen wird als alle nationalen Grenzen der Vergangenheit, geht genau mitten durch Deutschland.

Die Weltöffentlichkeit kann diesen selbstinszenierten Ruin nicht begreifen. Er kann nur teilweise durch die oft genug angeprangerten nihilistischen Tendenzen des Nazismus erklärt werden, durch dessen *Götterdämmerungsideologie*, die in zahllosen Variationen für den Fall der Niederlage eine verheerende Katastrophe voraussagt. Nicht erklärt wird damit, warum die Nazis anscheinend in keinem Land so gewütet haben wie in Deutschland selbst. Es sieht so aus, als hätten sie ihre Terrormaschinerie und vermittels dieser ihren – militärisch betrachtet – völlig nutzlosen Widerstand nur allein deshalb aufrechterhalten, um jede Gelegenheit wahrzunehmen, die vollständige Zerstörung heraufzubeschwören. So richtig es auch sein mag, in den rein destruktiven Tendenzen des Faschismus eine der Haupttriebkräfte der Bewegung zu sehen, es wäre auf gefährliche Weise irreführend, diese destruktiven Impulse so zu interpretieren als ob sie in einem theatralischen, gegen die Bewegung als solche gerichteten Selbstmordverlangen kulminierten. Die Nazis hatten vielleicht vor, Deutschland völlig zu zerstören, sie hatten vielleicht damit gerechnet, den ganzen Kontinent verarmen zu lassen, indem sie die deutsche Industrie ruinierten; sie hoffen vielleicht darauf, den Alliierten ein unregierbares Chaos zu hinterlassen, für das diese dann die Verantwortung übernehmen müßten – doch eines haben sie mit Sicherheit nie gewünscht: die Liquidation der faschistischen Bewegung.[1]

1. Kurz vor der deutschen Niederlage erschienen Berichte, in denen es hieß, daß neue und unbekannte Personen für die Organisation und Leitung einer faschistischen Untergrundbewegung ausgewählt worden seien. Es scheint durchaus möglich, daß Himmler und einige seiner engsten Mitarbeiter gehofft hatten, sie könnten untertauchen, die illegale Führung aufrechterhalten und Hitler zum Märtyrer erklären. Jedenfalls deutet die rasche Abfolge, in der prominente Führungsfiguren des Partei- und Polizeiapparats von den Alliierten gefangenge-

Es besteht kein Zweifel an der Ansicht der Nazis, daß eine bloße *Niederlage* Deutschlands gleichbedeutend mit dem Zusammenbruch der faschistischen Bewegung wäre; andererseits jedoch bietet die gründliche *Zerstörung* Deutschlands dem Faschismus Gelegenheit, das Ergebnis dieses Krieges in eine bloß temporäre Niederlage der Bewegung zu verdrehen. Das heißt, die Nazis haben Deutschland der Zukunft des Faschismus als Opfer dargebracht – aber es bleibt natürlich die Frage, ob sich dieses Opfer langfristig auszahlt. Alle Diskussionen und Konflikte zwischen der Partei und dem Oberkommando, zwischen der Gestapo und der Wehrmacht, zwischen den Vertretern der sogenannten herrschenden Klassen und den wirklichen Machthabern in der Parteibürokratie, drehten sich um nichts anderes als um dieses Opfer – das für die politischen Strategen der Nazis eine ganz selbstverständliche Notwendigkeit darstellte, während es umgekehrt für die militärischen und industriellen Mitläufer völlig unvorstellbar war.

Wie man auch immer die Chancen dieser Überlebenspolitik der faschistischen Internationale bemessen möchte, es wurde unmittelbar nach der Bekanntgabe von Hitlers Tod klar, daß der Zusammenbruch Deutschlands, das heißt die Zerstörung des stärksten Machtzentrums der faschistischen Bewegung, keinesfalls mit dem Verschwinden des Faschismus aus der internationalen Politik identisch war. Von den gegenwärtigen Machtverhältnissen keineswegs entmutigt,

nommen wurden, darauf hin, daß irgendetwas an ihrem Plan schiefging. Die Ereignisse der letzten Woche sind noch nicht aufgeklärt und werden es vielleicht auch nie. Die plausibelste Erklärung jedoch befindet sich in einem Bericht über die letzte Zusammenkunft, die Hitler vor seinem Tod abhielt; während dieser Sitzung soll er behauptet haben, daß man den SS-Truppen nicht mehr trauen könne.

drückte die irische Regierung der (nicht mehr existierenden) deutschen Regierung ihr Beileid aus, und Portugal ordnete sogar zwei Tage Staatstrauer an, was selbst unter normalen Umständen ein ungewöhnlicher Schritt gewesen wäre. Was an der Haltung dieser »Neutralen« so verblüfft, ist die Tatsache, daß sie es zu einer Zeit, da anscheinend nichts so sehr geschätzt wird wie brutale Gewalt und der bloße Erfolg, gewagt haben, den großen Siegermächten so ungeniert entgegenzutreten. De Valera und Salazar[2] sind keine idealistischen Spinner. Sie schätzen die Situation nur etwas anders ein und halten Macht nicht einfach für identisch mit militärischer Stärke und industrieller Kapazität. Sie spekulieren darauf, daß der Nazismus und alle mit ihm verbundenen ideologischen Begriffe nur eine Schlacht, aber nicht den Krieg verloren haben. Und da sie aus Erfahrung wissen, daß sie es mit einer internationalen Bewegung zu tun haben, halten sie die Zerstörung Deutschlands nicht für einen entscheidenden Schlag.

III.

Viel zu wenig Aufmerksamkeit wurde bislang einem Kennzeichen faschistischer Propaganda gewidmet, nämlich der Tatsache, daß diese sich nicht mit der Lüge begnügte, sondern es ganz bewußt darauf anlegte, ihre Lügen in die Wirklichkeit umzusetzen. So hat das

2. Eamon de Valera, 1882-1975, irischer Staatsmann; über viele Jahre Ministerpräsident und dann Staatspräsident. Antonio Oliveira Salazar, 1889-1970, portugiesischer Staatsmann; seit 1932 Ministerpräsident. (Anm.d.Hrgs.)

Schwarze Korps etliche Jahre vor Kriegsausbruch eingeräumt, man glaube im Ausland der Nazi-Behauptung nicht recht, daß alle Juden heimatlose Bettler seien, die ihr Dasein nur als Parasiten des Wirtschaftslebens anderer Länder fristen könnten; doch die öffentliche Meinung des Auslands, so prophezeite das Blatt, bekäme in ein paar Jahren Gelegenheit, sich selbst von dieser Tatsache zu überzeugen, dann nämlich, wenn die deutschen Juden wie Bettlerpack über die Grenzen getrieben würden. Die Wirklichkeit umzulügen – auf eine derartige Erfindung war niemand vorbereitet. Das Wesensmerkmal faschistischer Propaganda bestand nie in ihren Lügen, denn die Lüge gehörte mehr oder weniger schon immer und überall zur Propaganda. Wesentlich an ihr war, daß sie die uralte vorurteilsvolle abendländische Neigung, Wirklichkeit und Wahrheit durcheinander zu bringen, ausnutzte, und das »wahr« machte, was bislang nur als Lüge bezeichnet werden konnte. Dies ist der Grund, der jede argumentative Auseinandersetzung mit Faschisten – die sogenannte Gegenpropaganda – so äußerst sinnlos macht; es ist als ob man mit einem potentiellen Mörder diskutierte, ob sein künftiges Opfer tot oder lebendig sei, und man dabei vollkommen vergäße, daß Menschen töten können, und daß der Mörder, indem er die fragliche Person umbrächte, ohne weiteres den Beweis dafür erbringen könnte.

Dies war der Geist, in welchem die Nazis Deutschland zerstörten – sie wollten recht behalten; und dieser Aktivposten könnte sich für ihre Zukunft als äußerst wertvoll erweisen. Sie zerstörten Deutschland, um zu zeigen daß sie recht mit der Behauptung hatten, das deutsche Volk kämpfe um seine ureigene Existenz – was am Anfang die pure Lüge war. Sie richteten ein Chaos an, um zu beweisen, daß sie recht hatten, wenn sie sagten, Europa habe nur die Alternative zwischen Naziherrschaft und Chaos. Sie zogen den Krieg in die Länge, bis die Russen tatsächlich an der Elbe und an der Adria standen, wie um ihren Lügen von der bolschewistischen Gefahr *post facto* eine Basis in der Wirklichkeit zu verschaffen. Und nun hoffen sie natürlich, daß in Bälde, wenn die Völker der Welt das Ausmaß der europäischen Katastrophe wirklich begreifen, sich ihre Politik als vollständig gerechtfertigt erweisen wird.

Wenn der Nationalsozialismus seinem Wesen nach wirklich eine nationale Bewegung wäre – wie etwa der italienische Faschismus in seinem ersten Jahrzehnt – dann würde er mit solchen Beweisen und Argumenten wenig erreichen. Denn in diesem Fall zählte allein der Erfolg, und als nationale Bewegung war er ein überwältigender Fehlschlag. Die Nazis wußten dies selbst ganz gut und haben sich deshalb vor mehreren Monaten aus dem Regierungsapparat zurückgezogen; sie haben die Partei wieder vom Staat getrennt und sich dabei von all jenen chauvinistischen Elementen befreit, die sich ihnen teils aus opportunistischen Gründen und teils aufgrund eines Mißverständnisses angeschlossen hatten. Die Nazis wissen jedoch auch, daß der Einfluß dieser Gruppen, selbst wenn die Alliierten so töricht sein sollten, sich mit neuen Darlans[3] abzugeben, ganz unerheblich bliebe aus dem einfachen Grund, weil es die deutsche Nation nicht mehr gibt.

Eigentlich handelte es sich bei der nationalsozialistischen Partei seit Ende der zwanziger Jahre nicht mehr um eine rein deutsche Partei, sondern um eine interna-

3. François Darlan, 1881-1942, Vichy-Minister, seit 1942 Oberbefehlshaber, lief 1942 in Algerien zu den Alliierten über und fiel einem Attentat zum Opfer. (Anm.d.Hrsg.)

tionale Organisation, deren Hauptquartier in Deutschland lag. Als Ergebnis des Kriegs hat sie ihre strategische Basis und die Operationsmöglichkeiten eines bestimmten Staatsapparates verloren. Dieser Verlust eines nationalen Zentrums wirkt sich jedoch auf die Fortsetzung der faschistischen Internationale nicht bloß nachteilig aus. Von jeder nationalen Bindung und den damit verknüpften unvermeidlichen auswärtigen Fragen befreit, können die Nazis in der Nachkriegszeit noch einmal den Versuch unternehmen, endlich jene wahre und unverfälschte, über den ganzen Erdball verteilte Geheimgesellschaft aufzubauen, die ihnen immer als erstrebenswertes Organisationsmodell vorgeschwebt hat.

Die tatsächliche Existenz einer kommunistischen Internationale, deren Macht zunimmt, wird ihnen dabei sehr behilflich sein. Sie argumentieren schon lange – und in den vergangenen Monaten war ihre Propaganda ausschließlich damit beschäftigt –, daß es sich dabei um nichts anderes als um die jüdische Weltverschwörung der Weisen von Zion handelt. Es wird viele geben, die sie davon überzeugen können, daß man dieser globalen Bedrohung nur begegnen kann, indem man sich auf die gleiche Art organisiert. Die Gefahr einer derartigen Entwicklung wird in dem Maße steigen, wie die Demokratien fortfahren, nach rein nationalen Vorstellungen zu handeln und auf jegliche ideologische Strategie für Krieg und Frieden zu verzichten, denn damit erwecken sie den Eindruck, daß sie, im Unterschied zu den ideologischen Internationalen, nur die unmittelbaren Interessen bestimmter Völker repräsentieren.

Bei diesem Unterfangen, das weitaus gefährlicher ist als eine bloße Untergrundbewegung mit rein deutschem Charakter, kommt dem Faschismus die rassistische Ideologie, die in der Vergangenheit nur von den Nazis entwickelt wurde, höchst gelegen. Es zeigt sich schon ganz deutlich, daß es ungelöste Kolonialprobleme geben wird, und daß die Konflikte zwischen weißen und farbigen Völkern, die sogenannten Rassenkonflikte, die daraus resultieren, künftig sogar noch viel akuter werden. Außerdem wird der Wettstreit zwischen den imperialistischen Nationen weiterhin die internationale Szene prägen. In diesem Kontext könnten die Faschisten, die selbst in ihrer deutschen Version die Herrenrasse niemals mit irgendeiner Nationalität identifiziert, sondern ganz allgemein von »Ariern« gesprochen haben, sich leicht zu Protagonisten einer Strategie der weißen Vorherrschaft emporschwingen und wären in der Lage, jede Gruppierung zu übertrumpfen, die sich nicht bedingungslos für die gleichen Rechte aller Völker einsetzt.

Antijüdische Propaganda wird mit Sicherheit einer der Hauptanziehungspunkte des Faschismus bleiben. Die entsetzlichen Verluste unter den Juden in Europa haben einen anderen Aspekt der Situation aus unserem Blickfeld verdrängt: das jüdische Volk wird, obwohl zahlenmäßig geschwächt, geographisch viel weiter zerstreut als früher aus dem Krieg hervorgehen. Im Unterschied zur Epoche vor 1933 gibt es fast keinen Fleck auf der Erde mehr, wo nicht Juden in größerer oder kleinerer Anzahl leben, mehr oder weniger mißtrauisch beäugt von der nichtjüdischen Umgebung.

Als Gegenstück zu einer arischen faschistischen Internationale sind die Juden, die man sich als die ethnischen Repräsentanten der Kommunistischen Internationale vorstellt, heute vielleicht sogar noch nützlicher als früher. Dies gilt insbesondere für Südamerika, dessen starke faschistische Bewegungen zur Genüge bekannt sind.

In Europa stehen die Chancen für eine faschistische internationale Organisation, die nicht durch Probleme staatlicher oder territorialer Art gebunden ist, sogar noch besser. Die sogenannte Flüchtlingsbevölkerung, ein Produkt der Revolutionen und Kriege der letzten beiden Jahrzehnte, erhält täglich Zuwachs. Vertrieben aus Gebieten, in die sie nicht zurückkehren können oder wollen, haben diese Opfer unserer Zeit sich schon selbst als nationale Splittergruppen in allen europäischen Ländern niedergelassen. Die Restauration des europäischen Nationalstaatensystems bedeutet für sie eine Rechtlosigkeit, verglichen mit der die Proletarier des neunzehnten Jahrhunderts einen privilegierten Status innehatten. Sie hätten die wahre Vorhut einer europäischen Bewegung werden können – und viele von ihnen spielten in der Tat eine führende Rolle in der Resistance; doch sie können auch leicht zur Beute anderer Ideologien werden, wenn man an sie mit internationalen Begriffen appelliert. Ein einschlägiger Fall sind die 250000 polnischen Soldaten, denen man den prekären Status von Söldnern angeboten hat, die unter britischem Kommando bei der Besetzung von Deutschland dienen.

Auch ohne diese relativ neuen Probleme wäre eine »Restauration« äußerst gefährlich. Schon haben in all den Gebieten, die nicht unmittelbar unter russischem Einfluß stehen, die Kräfte von Gestern sich mehr oder weniger ungestört wieder selbst in den Sattel gehoben. Diese Restauration, die – insbesondere in Frankreich – mit Hilfe einer verstärkten nationalistischen und chauvinistischen Propaganda vor sich geht, steht in scharfem Gegensatz zu den Tendenzen und Hoffnungen der Widerstandsbewegungen, die authentisch europäische Bewegungen waren. Die Hoffnungen und Ziele sind nicht vergessen, obgleich sie für eine Weile in den Hintergrund gedrängt wurden durch den Anbruch der Befreiung und durch das Elend des tagtäglichen Lebens. Jedem, der sich mit den europäischen Verhältnissen beschäftigte, auch den zahlreichen amerikanischen Korrespondenten, war bei Kriegsbeginn klar, daß kein Volk in Europa bereit war, wegen eines nationalen Konflikts in den Krieg zu ziehen. Das Wiederaufleben von territorialen Streitigkeiten mag den obsiegenden Regierungen kurzfristige Prestigegewinne verschaffen und den Eindruck erwecken, daß der europäische Nationalismus früherer Zeiten, der allein eine sichere Grundlage für eine Restauration bieten konnte, wieder zum Leben erweckt worden sei. Es wird sich jedoch bald klar herausstellen, daß all dies bloß ein kurzlebiger Bluff ist, auf den hin sich die Nationen dann – weil verbittert – mit doppeltem Fanatismus jenen Ideologien zuwenden werden, die mit angeblich internationalen Lösungen aufwarten können, das heißt dem Faschismus und dem Kommunismus.

Unter diesen Umständen könnte es sich als Vorteil für die Nazis erweisen, überall in Europa auf einmal operieren zu können, ohne an ein bestimmtes Land gebunden und auf eine bestimmte Regierung angewiesen zu sein. Da sie sich nicht mehr um das Wohl und Wehe einer Nation sorgen, könnten sie sich um so rascher das Erscheinungsbild einer genuin europäischen Bewegung zulegen. Es besteht die Gefahr, daß der Nazismus sich erfolgreich als Erbe der europäischen Widerstandsbewegungen ausgeben könnte, wenn er deren Slogan von einer europäischen Föderation übernimmt und für seine eigenen Zwecke ausbeutet. Man sollte nicht vergessen, daß der Slogan von einem Vereinten Europa sich sogar dann noch als erfolgreichste Propagandawaffe der Nazis erwies, als unmißverständlich klar war, daß es sich dabei nur um ein von den Deutschen beherrschtes Europa handeln würde. Im ausgelaugten und von nationalistischen Regierungen zerrissenen Nachkriegseuropa wird dieser Slogan kaum an Kraft einbüßen. Unter diesen Umständen könnte der intereuropäische Faschismus dann tönen, daß er sich ganz aufrichtig um das von nationalistischen Regierungen zerrissene Europa sorge.

Dies sind, ganz allgemein, die Gefahren von morgen. Es steht außer Frage, der Faschismus wurde dieses eine Mal besiegt: aber wir haben noch lange nicht das Erzübel unserer Zeit ausgerottet. Denn dessen Wurzeln sind stark, und sie heißen – Antisemitismus, Rassismus, Imperialismus.

*Das Bild der Hölle**

»Wenn die Juden als die formellen Ankläger des deutschen Volkes vor die Schranken der zivilisierten Welt treten, dann müßten sie eigentlich ... auch eine Anklageschrift vorlegen. Dies ist leicht getan. ... Das Blut von Hitlers Opfern schreit aus der Erde. Unsere Anklageschrift soll diesen Schrei artikulieren.«

Wenn die Autoren des *Schwarzbuchs* jedoch glaubten, die Geschichte des letzten Jahrzehnts sei leicht zu erzählen, dann unterliegen sie einem bedauerlichen Irrtum. Die Unbeholfenheit ihres Buches belegt dies, trotz aller guten Absichten, zur Genüge. Gemeint ist damit kaum ein handwerkliches Problem. Das Material hätte zwar besser angeordnet, der Stil weniger journalistisch sein können, und man hätte die Quellen wissenschaftlicher auswählen müssen. Aber derartige Verbesserungen hätten die Kluft zwischen den Fakten und deren politischer Nutzanwendung sogar noch offenkundiger zutage treten lassen. Mißglückt ist das *Schwarzbuch* deshalb, weil dessen Autoren sich im Chaos der Einzelheiten verloren haben und unfähig

* Anmerkungen zu zwei Büchern:
The Black Book: The Nazi Crime against the Jewish People. Compiled and edited by the World Jewish-Congress, the Jewish Anti-Fascist Committee, the Vaad Leumi, and the American Committee of Jewish Writers, Artists and Scientists. New York, Duell, Sloan and Pearce, 1946.
Hitlers Professors, by Max Weinreich. New York, Yiddish Scientific Institute, 1946.

waren, die Natur der Tatsachen, mit denen sie konfrontiert waren, zu verstehen oder deutlich zu machen.

Die Tatsachen sehen folgendermaßen aus: sechs Millionen Juden, sechs Millionen menschliche Wesen, sechs Millionen hilflose und meist ahnungslose Menschen wurden in den Tod getrieben. Die dabei angewandte Methode war schrittweise verstärkter Terror. Am Anfang stand bewußte Verwahrlosung, Entbehrung und Schmach, und da starben die körperlich Schwachen zusammen mit denen, die stark und widerspenstig genug waren, sich selbst das Leben zu nehmen. Darauf folgte totales Aushungern, verbunden mit Zwangsarbeit, und da starben die Menschen zu tausenden in unterschiedlichen, ihrem Durchhaltevermögen entsprechenden Zeitabschnitten. Zuletzt kamen die Todesfabriken – und da starben alle zusammen, die Jungen und die Alten, die Schwachen und die Starken, die Kranken und die Gesunden; sie starben dort nicht als Menschen, nicht als Männer und Frauen, Kinder und Erwachsene, Jungen und Mädchen, nicht als gute oder schlechte, schöne oder häßliche Menschen – sondern sie wurden dort auf den kleinsten gemeinsamen Nenner organischen Lebens zurückgeführt und in den finstersten und dunkelsten Abgrund ursprünglicher Gleichheit hinuntergestoßen, wie Vieh, wie Material, wie Dinge, die weder einen Leib noch eine Seele ja nicht einmal ein Gesicht besaßen, denen der Tod sein Siegel aufdrücken konnte.

In dieser ungeheuerlichen Gleichheit ohne Brüderlichkeit und Menschlichkeit – einer Gleichheit, die Hunde und Katzen hätten miteinander teilen können – erblicken wir, wie in einem Spiegel, das Bild der Hölle. Die übernatürliche Schlechtigkeit jener, die eine solche Gleichheit eingerichtet haben, *übersteigt das menschliche Begriffsvermögen.* Doch genau so übernatürlich ist die Unschuld jener, die in dieser Gleichheit gestorben sind. Die Gaskammer war mehr als irgendjemand je verdient hätte, und vor ihr war der schlimmste Verbrecher so unschuldig wie ein neugeborenes Kind. Die Ungeheuerlichkeit dieser Unschuld wird auch durch Redensarten wie etwa, daß es besser sei zu leiden, als Böses zu tun, um keinen Deut erträglicher. Entscheidend war weniger, daß diejenigen, die ein Zufall der Geburt zum Tode verdammte, bis zum letzten Augenblick genauso reibungslos gehorchten und funktionierten wie jene, die ein Zufall der Geburt zum Leben verdammte – dies ist so gut bekannt, es hat gar keinen Sinn, es zu verbergen. Darüber hinaus waren Unschuld und Schuld kein Ergebnis menschlichen Handelns mehr; kein menschenmögliches Verbrechen hätte mit dieser Strafe, keine vorstellbare Sünde mit dieser Hölle kommensurabel sein können, in welcher Heilige und Sünder gleichermaßen zu lebenden Leichnamen degradiert wurden. War jemand erst einmal in den Todesfabriken angelangt, dann wurde alles zu einem Zufall, über welchen weder die Gepeinigten noch die Peiniger irgendeine Kontrolle hatten. Und in mehr als einem Fall gehörten diejenigen, die an einem Tag noch zu den Peinigern zählten, am nächsten Tag schon zu den Gepeinigten.

Die Menschheitsgeschichte kennt keine Geschichte, die zu berichten schwieriger wäre. Die ungeheuerliche Gleichheit in der Unschuld, die das unausweichliche Leitmotiv darin bildet, zerstört die eigentliche Grundlage, auf der Geschichte gemacht wird – und damit insbesondere unsere Fähigkeit, ein noch so weit von uns entferntes Ereignis zu begreifen.

Der Bann wird erst dann gebrochen, wenn wir zur Geschichte des jüdischen Widerstands und zum

Kampf des Warschauer Ghettos kommen. Das *Schwarzbuch* beschäftigt sich mit diesen Ereignissen jedoch noch unzulänglicher als mit anderen und widmet dem Ghettokampf bloß neun schwach geschriebene Seiten, auf denen nicht einmal Shlomo Mendelsohns meisterhafte Analyse dieses Ereignisses (erschienen in *Menorah Journal*, Frühjahr 1944) erwähnt wird. Keiner denkbaren Chronik gelänge es, sechs Millionen tote Menschen in ein politisches Argument zu verwandeln. Die Nazis haben mit ihrem Versuch, eine Schlechtigkeit jenseits des Lasters herzustellen, nichts anderes etabliert als eine Unschuld jenseits der Tugend. Eine derartige Unschuld und eine derartige Schlechtigkeit stehen in keinerlei Bezug zu der Wirklichkeit, in welcher die Politik existiert.

Doch der Politik der Nazis, die am besten in der verlogenen Welt der Propaganda realisiert wurde, leisten diese ungeheuerlichen Konstruktionen einen guten Dienst. Hätten die Nazis sich damit begnügt, nur eine Anklageschrift gegen die Juden zu verfassen und die Auffassung zu propagieren, daß es minderwertige und höherwertige Völker gibt, dann hätten sie es kaum geschafft, den gesunden Menschenverstand davon zu überzeugen, daß die Juden Untermenschen seien. Lügen allein, das reichte nicht aus. Damit man ihnen glaubte, mußten die Nazis die Wirklichkeit selbst umlügen und die Juden wie Untermenschen *aussehen* lassen. So daß selbst heute der gesunde Menschenverstand auf die Greuelfilme mit: »Aber sehen sie nicht aus wie Kriminelle?« reagiert. Oder die Leute werden, wenn sie unfähig sind, eine Unschuld jenseits von Tugend und Laster zu erfassen, dann sagen: »Was für schreckliche Dinge müssen diese Juden angestellt haben, daß die Deutschen ihnen dies antaten«!

Wenn nun seitens der absolut unschuldigen Juden

eine Anklageschrift gegen die absolut schuldigen Deutschen vorgelegt wird, dann übersehen die Autoren des *Schwarzbuchs* den Umstand, daß sie nicht über die Macht verfügen, die ganze deutsche Nation so schuldig *aussehen* zu lassen wie die Nazis die Juden *aussehen* ließen – und Gott bewahre, daß irgendjemand noch einmal eine derartige Macht besitzt! Denn solche Unterscheidungen einzuführen und aufrechtzuerhalten, das hieße, eine permanente Hölle auf Erden einzurichten. Ohne eine solche Macht, ohne die Mittel, eine den Lügen der Ideologie entsprechende verlogene Wirklichkeit zu fabrizieren, erreichen Propaganda und öffentlichkeitswirksame Äußerungen von der Art, wie sie in diesem Buch enthalten sind, nur, daß eine wahre Geschichte unglaubwürdig klingt. Und der Bericht wird in dem Maße unglaubwürdig wie die Gräßlichkeit der geschilderten Ereignisse zunimmt. Propagandistisch geschildert taugt die ganze Geschichte nicht nur nicht als politisches Argument – sie klingt nicht einmal wahr.

Politisch gesprochen stellten die Todesfabriken ein »Verbrechen gegen die Menschheit« dar, verübt an den Körpern des jüdischen Volkes; und wäre die Naziherrschaft nicht zerschlagen worden, dann hätten die Todesfabriken die Leiber einer ganzen Anzahl anderer Völker verschlungen (es steht fest, daß Zigeuner zusammen mit Juden aus mehr oder weniger denselben ideologischen Gründen vernichtet wurden). Das jüdische Volk ist in der Tat berechtigt, diese Anklageschrift gegen die Deutschen aufzusetzen, vorausgesetzt es vergißt nicht, daß es in diesem Fall für alle Völker der Erde spricht. So notwendig die Bestrafung der Schuldigen ist, so notwendig ist es daran zu erinnern, daß es keine Strafe gibt, die ihren Verbrechen kommensurabel wäre. Für Göring ist die Todesstrafe fast ein Witz, und wie alle seine Mitangeklagten in Nürnberg weiß er, daß wir nicht mehr tun können, als ihn ein klein wenig früher sterben zu lassen als er das ohnehin täte.

Von der Unschuld jenseits der Tugend und der Schuld jenseits des Lasters, von einer Hölle, in der alle Juden notwendigerweise engelsgleich und alle Deutschen notwendigerweise teuflisch waren, müssen wir in die Wirklichkeit der Politik zurückkehren. Die wirkliche Geschichte dieser von den Nazis konstruierten Hölle wird dringend für die Zukunft benötigt. Nicht allein deshalb, weil diese Tatsachen die Atmosphäre verändert und die ganze Luft, die wir einatmen, vergiftet haben; nicht nur, weil sie des nachts in unseren Träumen hausen und unsere Gedanken während des Tages durchdringen – sondern auch deshalb, weil sie zur grundlegenden Erfahrung und zum elementaren Leid unserer Zeit geworden sind. Nur diese Grundlage, auf der eine neue Kenntnis des Menschen beruht, kann zum Ausgangspunkt unserer neuen Einsichten, unserer neuen Erinnerungen und unserer neuen Taten werden. Diejenigen, die sich vielleicht eines Tages stark genug fühlen, um die ganze Geschichte zu erzählen, werden indes erkennen müssen, daß die Geschichte *an sich* nichts als Trauer und Verzweiflung auslösen kann – Argumente für einen bestimmten politischen Zweck liefert sie jedenfalls nicht.

Nur der gemeinsame Gegenstand rechtfertigt, daß Max Weinreichs Buch hier zusammen mit dem *Schwarzbuch* besprochen wird. Sein Buch besitzt all die Qualitäten, die dem anderen so eklatant abgehen, und mit seinen Schlußfolgerungen und seiner aufrichtigen Darlegung der Tatsachen stellt es das beste Handbuch über die Natur des Nazi-Terrors dar, das ich bislang gelesen habe.

Es ist nüchtern geschrieben und ihm liegt Expertenwissen über den organisatorischen Aufbau der Nazi-Maschinerie zugrunde; weite Teile des Buches handeln von den Schritten, in denen die Nazis ihr »wissenschaftlich« geplantes Programm durchführten. Viele Dokumente, die das Yiddish Scientific Institut mit Geschick für sein Archiv erworben hat, werden reproduziert und außerdem korrekt bewertet. Die Liste der deutschen Wissenschaftler, die mit Hitler kollaboriert haben, ist jedoch nicht vollständig; viel mehr Namen, vor allem aus den Geisteswissenschaften, hätten hinzugefügt werden können. Aber selbst so wie es ist, stellt das Buch ein gutes Gewächs dar, dem man Ergänzungen und Zusätze aufpropfen kann. Gleiches gilt für die Kurzbiografien im Index. Daß Dr. Weinreich von vielen bislang unbekannten und »streng geheimen« Dokumenten fasziniert ist, kann man verstehen, doch er hat es darüber versäumt, den leichter zugänglichen Quellen und Büchern genügend Aufmerksamkeit zu schenken.

Es handelt sich bei dieser Unterlassung um mehr als eine bloß methodische Frage. Die Hauptthese Dr. Weinreichs besagt, daß »die deutsche Wissenschaft die Ideen und Techniken lieferte, die zur Durchführung und Rechtfertigung eines beispiellosen Mordens führten«. Dies ist eine äußerst strittige Feststellung. Es stimmt, daß einige hervorragende Wissenschaftler sich dabei besonders hervortaten und die Nazis tatkräftiger unterstützten als die Mehrheit der deutschen Professoren, die sich einfach anpaßten, um ihren Job zu behalten. Und eine ganze Reihe jener herausragenden Wissenschaftler hat das äußerste getan, um den Nazis Ideen und Methoden zu liefern: zur Prominenz unter ihnen zählten der Jurist Carl Schmitt, der Theologe Gerhard Kittel, der Soziologe Hans Freyer, der Historiker Walter Frank (der ehemalige Direktor des Reichsinstituts zur Erforschung der Judenfrage in München) und der Existentialphilosoph Martin Heidegger. Diese Namen gehen jedoch in der Fülle des Materials unter, welches Weinreich über weniger bekannte Professoren und Wissenschaftler mit schlechtem Ruf präsentiert. Außerdem hätte nur eine sorgfältige und vollständige Bibliografie aller Veröffentlichungen dieser Wissenschaftler aus der Zeit vor Hitler ihre tatsächliche Stellung in der Welt der Wissenschaft aufzeigen können. (Es fällt besonders auf, daß die Bücher Walter Franks über die Stoecker-Bewegung und die Dritte Republik fehlen, zwei Veröffentlichungen, die schon vor Hitler eine starke antisemitische Ausrichtung aufwiesen).

Es stimmt auch, und Dr. Weinreich besteht zu recht auf diesem Punkt, daß Hitler eine seiner entscheidenden Einsichten in das Wesen moderner Propaganda an den Tag legte, als er nach »wissenschaftlichen« Argumenten verlangte und es ablehnte, sich der üblichen verrückten Behauptungen der traditionellen antisemitischen Propaganda zu bedienen. Der Grund für diese überraschende Hinwendung zur »Wissenschaftlichkeit« ist ganz einfach, sie läßt sich mit eben dem Beispiel erklären, das Hitler selbst in *Mein Kampf* anführt. Er fängt dort mit der Bemerkung an, daß der Werbefachmann, der eine neue Seifenmarke anpreist, schlechte Arbeit verrichtete, wenn er zugäbe, daß noch andere gute Seifen auf dem Markt seien. Es liegt, wie jeder Geschäftsmann weiß, auf der Hand, daß man die gewöhnliche Behauptung »Meine Seife ist besser als irgendeine andere Seife der Welt« dadurch stark aufbessern kann, daß man eine kleine Drohung hinzufügt, etwa: »Wenn Sie meine Seife nicht benutzen, dann bekommen Sie keinen Ehemann, sondern Pickel«.

Und was tut man, solange man nicht allen Mädchen, die diese bestimmte Seife nicht benutzen wollen, den Mann wegnehmen kann? Man untermauert eben seine Behauptung »wissenschaftlich«. Doch wenn man einmal die Macht errungen hat, und alle Mädchen, die die falsche Seifenmarke benutzen, von jungen Männern fernhalten, oder – noch besser – die Seifenherstellung monopolisieren kann, dann braucht man keine »Wissenschaftlichkeit« mehr.

Während es also völlig der Wahrheit entspricht, daß eine ganze Anzahl ehrenwehrter deutscher Professoren den Nazis ihre Dienste angeboten haben, stimmt doch gleichermaßen, daß die Nazis deren »Ideen« nicht umsetzten, und das war für diese Ehrenmänner ein ziemlicher Schock. Die Nazis hatten ihre eigenen Ideen – was sie benötigten, das waren Techniken und Techniker, die überhaupt keine Ideen hatten oder von Anfang an in Nazi-Vorstellungen geschult worden waren. Die ersten Wissenschaftler, die von den Nazis als relativ unwichtig links liegen gelassen wurden, waren altmodische Nationalisten wie etwa Heidegger, dessen Begeisterung für das Dritte Reich nur noch von seiner himmelschreienden Ignoranz übertroffen wurde, denn er wußte nicht, was er von sich gab. Nachdem Heidegger den Nazismus bei der Elite an der Universitäten salonfähig gemacht hatte, übernahm Alfred Bäumler, ein ziemlich bekannter Scharlatan aus der Zeit vor Hitler, dessen Posten und heimste alle Ehren ein. Die letzten, die bei den Nazis in Ungnade fielen, waren wie Walter Frank Leute, die zwar schon vor Hitlers Machtübernahme Antisemiten gewesen waren, aber es dennoch irgendwie schafften, an Restbeständen von Wissenschaft festzuhalten. Anfang der vierziger Jahre mußte Frank seinen Posten an den berüchtigten Alfred Rosenberg abtreten, dessen *Mythus des Zwanzigsten*

Jahrhunderts klarstellte, daß der Autor mit »Gelehrsamkeit« auch nicht das geringste zu schaffen hatte. Die Nazis haben nämlich aller Wahrscheinlichkeit nach Frank gerade deshalb mißtraut, weil er *kein* Scharlatan war.

Die einzige Wissenschaft, der die Nazis anscheinend bis zu einem gewissen Grad getraut haben, war die »Rassenkunde«, die bekanntlich nie über das Stadium eines reichlich primitiven Aberglaubens hinausgelangt ist. Doch selbst die »Rassenkundler« hatten es ziemlich schwer unter den Nazis, denn zuerst sollten sie die Minderwertigkeit aller Semiten nachweisen, dann den hohen Stand aller Semiten, hauptsächlich der Araber (denn die Juden gehörten als »Mischrasse« nicht zu den Semiten) – und schließlich mußten sie wegen japanischer Empfindlichkeiten ihre Lieblingsvorstellung von der »arischen« Überlegenheit fallenlassen. Interessanter jedoch als alle diese Forschungsergebnisse, die sich entsprechend den politischen Erfordernissen änderten, war die unveränderliche Fügsamkeit jener »Wissenschaftler«. Und um das Bild abzurunden muß man darauf hinweisen, wie überaus leicht es den Alliierten fiel, deutsche Spitzenwissenschaftler, die den Schlüssel zu wichtigen militärischen Erfindungen in Händen gehalten und mit mehr oder weniger großer Hingabe für deutsche Kriegsanstrengungen gearbeitet hatten, dazu zu überreden, ihren Arbeitsplatz in das Land des Feindes zu verlegen.

Dr. Weinreichs Buch erweist diesen Professoren zuviel der Ehre, indem es sie zu ernst nimmt. Ihre Schande ist viel trivialer, und man kann sie kaum bezichtigen, »Ideen« gehabt zu haben. Es ist eine Tatsache, daß keiner der erstklassigen deutschen Wissenschaftler je eine einflußreiche Position erreicht hat, doch dies heißt nicht, daß sie es nicht versucht hätten.

Die Mehrheit von ihnen war sogar ziemlich bald einigermaßen unangenehm berührt von der ausgesprochenen Vulgarität der Repräsentanten des Naziregimes – nicht allerdings von deren Verbrechen. Wer einen wirklichen Eindruck vom Habitus des deutschen Durchschnittsprofessors unter Hitler gewinnen möchte, der sollte in der Aprilausgabe der *Review of Politics* (1946) die aufrichtige Beichte von Gerhard Ritter, einem Geschichtsprofessor aus Freiburg, nachlesen. Dieser antinazistische Professor hielt seine wahren Ansichten so geheim und wußte so wenig Bescheid über das, was vor sich ging, daß er das Gefühl hatte, daß »das Räderwerk des Hitlerreichs ... nicht so exakt ineinander (griff)«. Und er war derart vom »höheren Geistesleben« beansprucht, derart damit beschäftigt, »den unvermeidlichen Schaden nicht zu groß werden zu lassen«, derart von seinen Chancen überzeugt, »unabhängige Meinungen über historisch-politische Fragen ... in Schriften und Vorträgen ... zu äußern« – obwohl »für den ... Gelehrten ... ganz bestimmte, unüberschreitbare Grenzen der Lehrfreiheit bestanden« –, daß die Gestapo zu seiner eigenen Überraschung beschloß, ihn für die Propaganda im Ausland zu verwenden...

Einer der schrecklichsten Aspekte des Terrors der Gegenwart besteht darin, daß er, unabhängig von seinen Motiven und seinen Endzielen, ausnahmslos im Gewand einer unvermeidlichen logischen Schlußfolgerung auftritt, die auf der Grundlage irgendeiner Ideologie oder Theorie gezogen wurde. In weit geringerem Umfang konnte man dieses Phänomen schon im Zusammenhang mit der Liquidierung der Altstalinisten in Rußland beobachten – eine Entwicklung, die Stalin selbst 1930 vorausgesagt und gerechtfertigt hat. Weil Parteien nichts anderes als der Ausdruck von Klasseninteressen seien, so argumentierte er damals, könnten Fraktionen innerhalb der Kommunistischen Partei unmöglich etwas anderes sein als der Ausdruck von Interessen »absterbender Klassen« in der Sowjetunion oder Interessenvertreter der ausländischen Bourgeoisie. Die offenkundige Schlußfolgerung daraus lautete, daß man mit diesen Fraktionen wie mit einer feindlichen Klasse oder wie mit Verrätern umgehen mußte. Das Problem ist natürlich, daß niemand außer Stalin weiß, was die »wahren Interessen des Proletariats« sind. Es ist jedoch eine unfehlbare Lehre über den Geschichtsverlauf und über die Entstehung menschlicher Anschauungen zur Hand, die sich jeder, der nicht gerade ein Schwachkopf ist, aneignen kann, also warum dann nicht auch Stalin? Außerdem ist er im Besitz der Macht. Der Ausdruck »absterbende Klassen« macht das ganze sogar noch überzeugender, denn in ihm klingt der historische Fortschritt an, dessen Gesetzmäßigkeit zufolge die Menschen nur das tun, was ohnehin geschehen würde. Der Punkt, auf den es hier ankommt, ist nicht, ob es sich dabei noch um den wahren Marxismus oder um den wahren Leninismus handelt, sondern es geht um die Tatsache, daß Terror als eine logische, selbstverständliche Schlußfolgerung aus einer pseudowissenschaftlichen Hypothese erscheint.

Diese »Wissenschaftlichkeit« ist in der Tat ein allen totalitären Regimes unserer Zeit gemeinsames Merkmal. Aber es handelt sich dabei um nichts anderes, als daß eine allein von Menschen erzeugte – hauptsächlich destruktive – Macht mit höheren Weihen versehen wird, von denen wiederum der absolute Machtgebrauch abgeleitet wird, der nicht in Frage gestellt werden darf. Die nazistische Version dieser Art von Macht ist gründlicher und schrecklicher als die marxistische oder als die pseudomarxistische, denn sie schreibt der

Natur die Rolle zu, die der Marxismus der Geschichte zumißt. Während die Grundlage und der Ausgangspunkt von Geschichte immer noch der Mensch ist, scheint hier überhaupt nichts Quelle und Grundlage von Natur zu sein, es sei denn deren eigene Gesetze und Abläufe. Die nazistische Interpretation dieser Gesetze gipfelt in der Tautologie, daß die Schwachen dazu neigen zu sterben und daß die Starken eher leben. Indem man die Schwachen tötet gehorcht man nur den Gesetzen der Natur, die »auf seiten der Starken, Guten und Siegreichen ist«. Und Himmler pflegte hinzuzufügen: »Man mag dies grausam nennen, aber die Natur ist grausam«. Indem man die Schwachen und Hilflosen umbringt beweist man ja gerade, daß man zu den Starken gehört. Ein ganz wichtiges Nebenprodukt dieser Denkart ist, daß sie den Menschen die Möglichkeit nimmt, über Sieg und Niederlage zu entscheiden, und jeden Widerstand gegen den Urteilsspruch der Wirklichkeit per definitionem hoffnungslos macht, da man nicht mehr gegen Menschen, sondern gegen die Geschichte oder gegen die Natur kämpft – und damit wird der Wirklichkeit der Macht selbst noch ein Aberglauben an die Ewigkeit dieser Macht hinzugefügt.

Eine allgemeine Atmosphäre von »Wissenschaftlichkeit« dieser Art, verknüpft mit einer leistungsfähigen modernen Technik, war genau, was die Nazis für ihre Todesfabriken brauchten – nicht Wissenschaft an sich. Scharlatane, die ernsthaft glaubten, der Wille der Natur sei der Wille Gottes, und die sich im Bunde fühlten mit übermenschlichen und unwiderstehlichen Mächten, haben den Zwecken der Nazis am besten gedient – nicht wirkliche Wissenschaftler; und dabei spielt keine Rolle, wie wenig Mut diese Wissenschaftler aufgebracht haben und wie sehr sie sich zu Hitler hingezogen fühlen mochten.

Doch weder die Wissenschaft, schon gar nicht »Wissenschaftlichkeit«, weder Wissenschaftler noch Scharlatane, lieferten die Ideen und Techniken, mit denen die Todesfabriken betrieben wurden. Diese Ideen stammten von Politikern, die die Machtpolitik ernst nahmen, und die Techniken kamen von modernem Gesindel, das vor keiner Konsequenz zurückschreckte.

Ein Briefwechsel

Gershom Scholem an Hannah Arendt

Jerusalem, den 23.Juni 1963

Liebe Hannah,

Es ist nun etwa sechs Wochen her, daß ich Ihr Buch über den Eichmann-Prozeß erhalten habe, und wenn ich Ihnen erst jetzt darüber schreibe, so ist es, weil ich mich nicht gleich auf die Lektüre konzentrieren konnte. Dazu bin ich erst im Laufe der letzten Zeit gekommen. Ich habe mich nicht mit der Frage beschäftigt, ob alle Angaben sachlicher und historischer Natur, die Sie machen, stimmen. Nach manchen Einzelheiten, die ich beurteilen kann, fehlt es da nicht an Mißverständnissen und Irrtümern. Aber die Frage der Richtigkeit auf dieser Ebene, die sicherlich von vielen Ihrer Kritiker, an denen es nicht fehlen kann, aufgenommen werden wird, ist für das, was ich Ihnen sagen möchte, nicht zentral.

Ihr Buch bewegt sich um zwei Zentren, die Juden und ihre Haltung in der Katastrophe, und Eichmann und dessen Verantwortung. Über die Sache der Juden habe ich seit vielen Jahren nachgedacht und eine nicht geringe Masse von Literatur darüber studiert. Mir ist, wie wohl jedem nachdenklichen Zeitgenossen der Ereignisse, durchaus klar, wie bitter ernst, verwickelt und keineswegs durchschaubar und reduzierbar diese Frage ist. Es gibt Aspekte der jüdischen Geschichte (und mit der beschäftige ich mich schließlich seit fast 50 Jahren), die der Abgründigkeit keineswegs entbehren: Dämonische Verfallenheit ans Leben, Unsicherheit in der Orientierung in dieser Welt (der die Sicherheit der Frommen gegenüber steht, von der in Ihrem Buch auf ergreifende Weise nicht die Rede ist), Schwäche, die mit Heroismus unendlich vertrackt verschlungen ist, auch Lumperei und Herrschsucht. Das alles hat es immer gegeben, und in einer Zeit der Katastrophe wäre es sonderbar, wenn es nicht in irgendwelchen Phänomenen zur Geltung gekommen wäre. So war es 1391 und in der damals beginnenden Generation der Katastrophe, und so war es in unserer Zeit. Die Auseinandersetzung über diese Sache ist meines Erachtens legitim und unabwendbar, wenn ich auch nicht glaube, daß sie in unserer Generation im Sinne eines historischen Urteils wird geführt werden können. Uns fehlt die echte Instanz, die zugleich Besonnenheit verbürgen würde, und sie muß uns fehlen. Aber die Fragen, die sich uns aufdrängen, bleiben. Die Frage der Jugend in Israel: warum eigentlich haben sie sich so töten lassen, ist tief begründet, und die Antwort, wie man es immer anfängt, nicht auf eine Formel zu bringen. In Ihrem Buch ist in allem Entscheidenden nur von dem Punkt der *Schwäche* der jüdischen Existenz die Rede, gerade wo es um Akzentuierung geht. Und so sehr es die wahrlich gegeben hat, ist Ihre Akzentsetzung, soweit ich sehe, völlig einseitig und wirkt dadurch bitterböse. Aber das Problem, das Sie aufstellen, ist wirklich eines. Warum also, wo wir das wissen, hinterläßt Ihr Buch dennoch solch Gefühl der Bitterkeit und Scham, und zwar nicht über das Referierte, sondern über die

Referentin? Warum überdeckt Ihr Referat so weithin das darin Vorgebrachte, das Sie doch mit Recht dem Nachdenken empfehlen wollten? Die Antwort, soweit ich eine habe und die ich Ihnen gerade, weil ich Sie so hoch achte, nicht unterdrücken kann, muß Ihnen sagen, was in dieser Sache zwischen uns steht. Es ist der herzlose, ja oft geradezu hämische Ton, in dem diese uns im wirklichen Zentrum unseres Lebens angehende Sache bei Ihnen abgehandelt wird. Es gibt in der jüdischen Sprache etwas durchaus nicht zu Definierendes und völlig Konkretes, was die Juden *Ahabath Israel* nennen, Liebe zu den Juden. Davon ist bei Ihnen, liebe Hannah, wie bei so manchen Intellektuellen, die aus der deutschen Linken hervorgegangen sind, nichts zu merken. Eine Auseinandersetzung wie die Ihre erforderte, wenn ich mich so ausdrücken darf, die altmodischste Art der sachlichen und gründlichen Behandlung, gerade wo so tiefe Emotionen im Spiel sein müssen und hervorgerufen werden, wie in diesem Fall der Ermordung eines Drittels unseres Volkes – und ich betrachte Sie durchaus als Angehörige dieses Volkes und als nichts anderes. Für den Stil der Leichtherzigkeit, ich meine das englische flippancy, den Sie nur allzu oft in Ihrem Buch dafür aufbringen, habe ich keine Sympathie. Er ist auf unvorstellbare Weise der Sache, über die Sie sprechen, unangemessen. Gäbe es wirklich bei solchem Anlaß nicht Platz für das, was man mit dem bescheidenen deutschen Wort Herzenstakt nennen dürfte? Sie können darüber lachen, ich hoffe Sie tun es nicht, jedenfalls mir ist es darum ernst. Ich kann Ihnen aus den vielen Stellen, die sich mir dabei ins Herz gegraben haben, keine deutlicheren Belege für das bringen, was ich meine, als Ihr Zitat über den Handel mit den Armbinden, die das jüdische Zeichen enthalten, im Warschauer Ghetto, und Ihren Satz über Leo Baeck, »who in the eyes of both Jews and Gentiles was the „Jewish Führer"«. Der Gebrauch des Nazibegriffes auf deutsch in *diesem* Zusammenhang ist vielsagend – Sie sagen nicht etwa Jewish leader ohne Anführungsstriche, was sinnvoll und ohne hämischen Beigeschmack gewesen wäre –, Sie sagen gerade das, was am falschesten und am beleidigendsten ist. Für niemand, von dem ich gehört oder gelesen habe, war Leo Baeck, den wir beide gekannt haben, ein Führer in dem Sinne, den die Leser Ihres Buches assoziieren müssen. Ich habe das Buch von Adler über Theresienstadt genauso gut gelesen wie Sie, und es ist ein Buch, über das sich manches sagen ließe. Ich habe nicht gefunden, daß der Autor, der von manchen Menschen, über die ich auch anderes gelesen und gehört habe, mit viel Ressentiment spricht, Baeck so bezeichnet oder indirekt schildert. Was unser Volk durchgemacht hat, mag mit dem Konto mancher dunklen Figuren, die ihre Kugel wohl verdient haben oder hätten, belastet sein – wie konnte es bei einem Trauerspiel dieses Ausmaßes sich anders verhalten. Darüber aber in diesem so völlig inadäquaten Tonfall zu handeln, zum Benefit jener Deutschen, die zu verachten Ihr Buch stärkere Töne findet als dem Unglück der Juden gegenüber, das ist nicht der Weg, den wahren Schauplatz dieses Trauerspiels freizulegen.

Ich finde in Ihren Darlegungen des jüdischen Verhaltens unter extremen Umständen, in denen wir beide nicht gewesen sind, kein abgewogenes Urteil, sondern vielmehr ein oft ins Demagogische ausartendes Overstatement. Wer von uns kann heute sagen, welche Entschlüsse jene »Ältesten« der Juden, oder wie man sie gerne nennen will, unter den damaligen Umständen hätten fassen müssen? Ich weiß es nicht, und ich habe nicht weniger darüber gelesen als Sie, und aus

Ihren Analysen habe ich nicht den Eindruck, daß Ihr Wissen besser begründet ist als mein Unwissen. Es hat die Judenräte gegeben, einige unter ihnen waren Lumpen, andere waren Heilige. Ich habe über beide Typen viel gelesen. Es gab sehr viele Mittelmenschen wie wir alle, die unter unwiederholbaren und unrekonstruierbaren Bedingungen Entschlüsse fassen mußten. Ich weiß nicht, ob sie richtig oder falsch waren. Ich maße mir kein Urteil an. Ich war nicht da.

Gewiß – ich habe mich für diese Karriere speziell interessiert –, der Wiener Rabbiner Murmelstein in Theresienstadt hätte, wie alle Insassen des Lagers, die ich gesprochen habe, bestätigen, verdient, von den Juden gehängt zu werden, aber schon über viele andere gehen die Urteile weit auseinander. Warum zum Beispiel wurde Paul Eppstein, eine jener umstrittensten Figuren, erschossen von den Nazis? Sie sagen es nicht. Der Grund ist aber, daß er gerade das getan hatte, was er nach Ihrer Behauptung eigentlich mehr oder weniger gefahrlos hätte tun können, er hatte Leuten in Theresienstadt gesagt, was ihnen in Auschwitz bevorstehe. 24 Stunden später war er erschossen.

Ihre These, als ob durch die bekannten Manöver der Nazis die klare Scheidung zwischen Verfolgern und Opfern gelitten hätte und verwischt worden wäre, eine These, die Sie zum Nachteil der Anklage gegen Eichmann benutzen, halte ich für ganz falsch und tendenziös. In den Lagern wurden Menschen entwürdigt und, wie Sie selber sagen, dazu gebracht, an ihrem eigenen Untergang mitzuarbeiten, bei der Hinrichtung ihrer Mitgefangenen zu assistieren und dergleichen. Und deswegen soll die Grenze zwischen Opfern und Verfolgern verwischt sein? Welche Perversität! Und wir sollen da kommen und sagen, die Juden selber hätten ihren »Anteil« an dem Judenmord. Das ist eine typische quaternio terminorum.

Ich habe in diesen Tagen einen Aufsatz über das Buch des Rabbiners von Pjotrkow, Moses Chaim Lau, gelesen, der in der Zeit des Untergangs im Bewußtsein dessen, was kam, ein Buch geschrieben hat: »Der Weg zur Heiligung des Namens«, das man jetzt gedruckt hat, und der unter den Umständen, in denen er sich fand, genau zu fixieren versucht hat, was die Pflicht der Juden unter extremen Situationen sei. Nicht alles, was in jenem ergreifenden Text steht, der nicht der einzige ist, ist dem Inhalt (wenn auch nicht dem Tonfall) Ihrer Betrachtungen fremd. Es kommt in Ihrem Buch überhaupt nicht zur Erscheinung, wieviel Juden auch im vollen Bewußtsein der Sachlage ihren Weg gegangen sind. Jener Rabbi ist mit seiner Gemeinde nach Treblinka gegangen, obwohl er die Gemeinde aufgefordert hat, wegzulaufen, und die Gemeinde ihn aufgefordert hat, wegzulaufen. Der Heroismus der Juden hat nicht immer im Schießen bestanden, und nicht immer haben wir uns dessen geschämt. Ich kann den nicht widerlegen, der sagt, die Juden haben ihr Schicksal verdient, weil sie sich von Anfang an nicht anders gewehrt haben, weil sie feige waren und dergleichen. Ich habe das erst in den letzten Tagen in den Briefen eines aufrichtigen jüdischen Antisemiten namens Kurt Tucholsky dargelegt gefunden. Ich bin nicht so fein, wie Tucholsky war, der natürlich recht hatte: wenn alle Juden weggelaufen wären, besonders nach Palästina, wären mehr am Leben. Ob es unter den historischen Bedingungen der jüdischen Geschichte und des jüdischen Lebens möglich war, und ob es Schuld und Anteil am Verbrechen im historischen Sinn bedingt, ist eine andere Frage.

Ich will Ihnen nichts über die andere zentrale Frage Ihres Buches sagen, über die Schuld oder das Maß von

Schuld, das Eichmann zukommt. Ich habe den Text des Urteils über Eichmann gelesen, den das Gericht verfaßt hat, sowie den von Ihnen substituierten Text. Ich finde den des Gerichts bei weitem überzeugender. Ihr Urteil ist ein sonderbares Exempel eines großen Non Sequitur. Ihre Begründung trifft auf Hunderttausende und vielleicht Millionen zu, von denen der Schlußsatz* ja genauso gilt. Und nur der Schlußsatz begründet, warum Eichmann hängen sollte; denn im Vorhergehenden haben Sie ausführlich dargelegt, warum Ihrer Meinung nach, die ich keineswegs teile, die Anklage in allen wesentlichen Punkten das, was sie hätte beweisen sollen, nicht bewiesen hat. Im übrigen habe ich, zugleich mit meiner Unterschrift unter den Brief an den Staatspräsidenten gegen den Vollzug des Todesurteils in einem hebräischen Aufsatz dargelegt, warum ich den Vollzug dieses Todesurteils, das Eichmann in jeder Richtung, auch im Sinne der Anklage, verdient hat, für historisch falsch halte, gerade unserer Stellung zu den Deutschen wegen. Ich will damit diesen Brief nicht belasten. Ich möchte nur sagen, daß Ihre Darstellung Eichmanns als eines Konvertiten des Zionismus nur bei jemand denkbar ist, der ein so tiefes Ressentiment auf alles hat, was mit dem Zionismus zusammenhängt, wie Sie. Ich kann diese Seiten in Ih-

* Der Schlußsatz des von Hannah Arendt formulierten imaginären Urteils gegen Eichmann, der zugleich der Schlußsatz ihres Buches ist, lautet: »So bleibt also nur übrig, daß Sie eine Politik gefördert und mitverwirklicht haben, in der sich der Wille kundtat, die Erde nicht mit dem jüdischen Volk und einer Reihe anderer Volksgruppen zu teilen, als ob Sie und Ihre Vorgesetzten das Recht gehabt hätten, zu entscheiden, wer die Erde bewohnen soll und wer nicht. Keinem Angehörigen des Menschengeschlechts kann zugemutet werden, mit denen, die solches wollen und in die Tat umsetzen, die Erde zusammen zu bewohnen. Dies ist der Grund, der einzige Grund, daß Sie sterben müssen.« (Anm.d.Hrsg.)

rem Buch nicht ernst nehmen. Sie sind ein Hohn auf den Zionismus, und ich fürchte, daß es das ist, worauf es Ihnen dabei ankam. Darüber will ich nicht diskutieren.

Nach der Lektüre Ihres Buches bin ich von der Banalität des Bösen, auf dessen Herausarbeitung es Ihnen, wenn man dem Untertitel glauben sollte, angekommen ist, in keiner Weise überzeugt. Es erscheint diese Banalität auch eher als ein Schlagwort denn als das Resultat einer so eingreifenden Analyse, wie Sie sie, unter ganz entgegengesetztem Vorzeichen in Ihrem Buch über den Totalitarismus auf weit überzeugendere Weise gegeben haben. Damals hatten Sie anscheinend noch nicht entdeckt, daß das Böse das Banale sei. Von dem radikalen Bösen, von dem Ihre damalige Analyse beredtes Zeugnis und Wissen ablegte, hat sich die Spur nun in einem Schlagwort verloren, das in der Lehre von der politischen Moral oder der Moralphilosophie doch wohl in anderer Tiefe eingeführt werden müßte, wenn es mehr sein soll als das. Es tut mir leid, daß ich in ehrlicher und freundschaftlicher Gesinnung gegen Sie nichts Positiveres zu den Thesen Ihres Buches vorbringen kann. Ich hatte, gerade nach Ihrem früheren Buche, anderes erhofft.

Ihr Gerhard

Hannah Arendt an Gershom Scholem

New York, den 20.Juli 1963

Lieber Gerhard,

Ich fand Ihren Brief vor, als ich vor acht Tagen nach Hause kam. Sie können sich ja vorstellen, wie das aussieht, wenn man fünf Monate weg war. Ich schreibe Ihnen wirklich in dem ersten ruhigen Augenblick und vielleicht doch nicht so ausführlich, wie ich sollte.

Es gibt in Ihrem Brief einige Behauptungen, die nicht strittig sind, weil sie einfach falsch sind, und ich will sie vorwegnehmen, damit wir zu den Dingen kommen, die es wirklich wert sind, diskutiert zu werden.

Ich gehöre nicht zu den »Intellektuellen, die aus der deutschen Linken hervorgegangen sind«. Das konnten Sie nicht wissen, weil wir uns in der Jugend nicht gekannt haben. Es ist eine Tatsache, deren ich mich keineswegs rühme und die ich ungern profiliere, besonders seit der McCarthy-Zeit hier im Lande. Ich habe Marx' Bedeutung erst sehr spät erkannt, weil ich mich in der Jugend weder für Geschichte noch für Politik interessierte. Wenn ich überhaupt aus etwas »hervorgegangen« bin, so aus der deutschen Philosophie.

Bei dem zweiten Faktum kann ich leider nicht sagen, daß Sie es nicht wissen können. Es hat mich in der Tat merkwürdig berührt, daß Sie schreiben: »Ich betrachte Sie durchaus als Angehörige dieses (nämlich des jüdischen) Volkes und als nichts anderes«. Tatsache ist, daß ich nicht nur niemals so getan habe, als sei ich etwas anderes, als ich bin, ich habe niemals auch nur die Versuchung dazu verspürt. Es wäre mir vorgekommen, wie zu sagen, daß ich ein Mann sei und nicht eine Frau, also verrückt. Ich weiß natürlich, daß es ein Judenproblem auf dieser Ebene gibt, aber es ist niemals das meine gewesen. Nicht einmal in der Kindheit. Jude sein gehört für mich zu den unbezweifelbaren Gegebenheiten meines Lebens, und ich habe an solchen Faktizitäten niemals etwas ändern wollen. Eine solche Gesinnung grundsätzlicher Dankbarkeit für das, was ist, wie es ist, gegeben und nicht gemacht, *physei* und nicht *nomo*, ist präpolitisch, hat aber doch unter außergewöhnlichen Umständen, wie etwa den Umständen jüdischer Politik, auch gleichsam negativ politische Folgen; sie macht bestimmte Verhaltensweisen unmöglich, und zwar, scheint mir, genau diejenigen, die Sie in meine Ausführungen hineinlesen. (Um ein anderes Beispiel zu geben: In seinem Nachruf auf Blumenfeld sprach Ben Gurion sein Bedauern darüber aus, daß Blumenfeld in Israel nicht seinen Namen geändert habe. Daß Blumenfeld das nicht getan hat, kam natürlich aus genau der gleichen Gesinnung, die ihn in der Jugend zum Zionisten gemacht hatte.) Meine Denkungsart in diesen Dingen war Ihnen, scheint mir, bekannt, und mir ist unerklärlich, warum Sie mich in diese Schublade einordnen, in die ich nicht passe und auch nie gepaßt habe.

Nun zur Sache selbst: Um an das letzte gleich anzuschließen, will ich mit der *Ahabath Israel* beginnen. (Ich wäre Ihnen übrigens sehr dankbar, wenn Sie mir sagen würden, seit wann dieser Begriff in der hebräischen Sprache und im Schrifttum eine Rolle spielt, wann er zum erstenmal aufgetreten ist, usw.) Sie haben vollkommen recht, daß ich eine solche »Liebe« nicht habe, und dies aus zwei Gründen: Erstens habe ich nie in meinem Leben irgendein Volk oder Kollektiv »geliebt«, weder das deutsche, noch das französische, noch das amerikanische, noch etwa die Arbeiterklasse oder was es sonst so noch gibt. Ich liebe in der Tat nur meine Freunde und bin zu aller anderen Liebe völlig unfähig. Zweitens aber wäre mir diese Liebe zu den Juden, da ich selbst jüdisch bin, suspekt. Ich liebe nicht mich selbst und nicht dasjenige, wovon ich weiß, daß es irgendwie zu meiner Substanz gehört. Um Ihnen klar zu machen, was ich meine, möchte ich Ihnen von einer Unterhaltung berichten, die ich in Israel mit einer führenden politischen Persönlichkeit* hatte, die die meines Erachtens verhängnisvolle Nicht-Trennung von Religion und Staat in Israel verteidigte und dabei sinngemäß sagte – ich besinne mich auf den genauen Wortlaut nicht mehr –: »Sie werden ja verstehen, daß ich als Sozialist nicht an Gott glaube, ich glaube an das jüdische Volk«. Ich bin der Meinung, daß dies ein furchtbarer Satz ist, und ich habe nicht geantwortet, weil ich zu erschrocken war, aber ich hätte antworten können: Das Großartige dieses Volkes ist es einmal gewesen, an Gott zu glauben, und zwar in einer Weise, in der Gottvertrauen und Liebe zu Gott die Gottesfurcht bei weitem überwog. Und jetzt glaubt dieses Volk nur noch an sich? Was soll daraus werden? – Also, in diesem Sinne »liebe« ich die Juden nicht und »glaube« nicht an sie, sondern gehöre nur natürlicher- und faktischerweise zu diesem Volk.

* Gemeint ist Golda Meir, die Hannah Arendt während des Eichmann-Prozesses in Jerusalem getroffen hatte und deren Name auf Bitten Gershom Scholems in der publizierten Version des Briefes weggelassen wurde. Siehe Young-Bruehl, *Hannah Arendt – Leben und Werk*, Frankfurt 1986, S.457. (Anm.d.Hrsg.)

Man könnte über diese Frage auch politisch sprechen, und dann würden wir uns über die Frage des Patriotismus zu unterhalten haben. Daß es keinen Patriotismus geben kann ohne ständige Opposition und Kritik, darüber dürften wir uns beide einig sein. Ich kann Ihnen in dieser ganzen Frage nur eine Sache zugeben, nämlich, daß Unrecht, begangen von meinem eigenen Volk, mich selbstverständlich mehr erregt als Unrecht, das andere Völker begehen. Hinzu kommt, daß mir in der Tat die Rolle des »Herzens« in der Politik höchst fragwürdig erscheint. Wie oft denen, die Tatsachen berichteten, Mangel an »Herzenstakt« vorgeworfen wurde, wissen Sie so gut wie ich. Und was passiert, wenn Gefühle öffentlich zur Schau gestellt werden, darüber habe ich in meinem Buch *On Revolution* bei der Erörterung des Mitleids im Charakterbild des Revolutionärs ausführlich gehandelt.

Es ist schade, daß Sie das Buch erst gelesen haben, als von israelischer und amerikanisch-jüdischer Seite eine Entstellungskampagne dagegen in Gang gekommen war. Es gibt leider sehr wenig Menschen, die von solchen Dingen unbeeinflußt sind. Ich kann mir nicht gut denken, daß Sie die folgenden Dinge mißverstanden hätten, wenn Sie das Buch unvoreingenommen und unbeeinflußt von der sogenannten öffentlichen Meinung, die in diesem Falle manipuliert ist, gelesen hätten: Ich habe natürlich Eichmann nie zu einem »Zionisten« gemacht. Wenn Sie die Ironie dieses Satzes nicht verstanden haben, der ja außerdem deutlichst in indirekter Rede, nämlich so, wie sich Eichmann selbst darstellte, spricht, dann kann ich mir wirklich nicht helfen. Ich kann Ihnen nur versichern, daß Dutzende von Lesern vor der Publikation des Buches hierüber nie einen Zweifel gehabt haben. Ferner, die Frage, warum die Juden »sich haben töten lassen«, habe ich nie gestellt, sondern ich habe Hausner angeklagt, sie gestellt zu haben. Es hat kein Volk und keine Gruppe in Europa gegeben, die sich unter dem unmittelbaren Druck des Terrors anders verhalten haben als die Juden. Die Frage, die ich aufgeworfen habe, ist die der Kooperation jüdischer Funktionäre, von denen man nicht sagen kann, daß sie einfach Verräter waren (die hat es auch gegeben, das ist aber uninteressant), und zwar zu Zeiten der Endlösung. Mit anderen Worten, bis 1939 oder 1941, wie man es nun ansetzen will, ist alles noch verständlich und entschuldbar. Das Problem begann danach. Über diese Sache wurde während des Prozesses gesprochen, ich konnte sie also nicht vermeiden. In ihr liegt das Stück »unbewältigte Vergangenheit«, das uns angeht. Und wenn Sie vielleicht recht haben, daß es ein »abgewogenes Urteil« noch nicht geben kann, obwohl ich es bezweifle, so glaube ich, daß wir mit dieser Vergangenheit nur fertig werden können, wenn wir anfangen zu urteilen, und zwar kräftig. Mein Urteil in der Angelegenheit habe ich klar ausgesprochen, aber Sie haben es offenbar nicht verstanden. Es gab keine Möglichkeit des Widerstandes, aber es gab die Möglichkeit, *nichts zu tun.* Und um nichts zu tun, brauchte man kein Heiliger zu sein, sondern man brauchte nur zu sagen: ich bin ein einfacher Jude, und ich will mehr nicht sein. Ob diese Leute in allen Fällen verdient haben, gehängt zu werden, ist eine ganz andere Frage. Was hier zur Debatte steht, sind die Argumente, mit denen sie sich vor sich selbst und vor anderen gerechtfertigt haben. Über diese Argumente steht uns ein Urteil zu. Diese Leute standen auch nicht unter dem unmittelbaren Druck des Terrors, sondern nur unter dem mittelbaren. Über die Gradunterschiede in diesen Dingen weiß ich Bescheid. Es gab da immer noch einen Raum des freien

Entschlusses und des freien Handelns. Genau so, wie es bei den SS-Mördern, wie wir heute wissen, einen begrenzten Raum der Freiheit gab, sie konnten sagen, ich mache dies nicht mit, und es passierte ihnen gar nichts. Da wir es in der Politik mit Menschen und nicht mit Helden oder Heiligen zu tun haben, ist diese Möglichkeit der *non-participation* offenbar für die Beurteilung des Einzelnen, nicht des Systems, entscheidend.

Und mit einem Einzelnen haben wir es im Eichmann-Prozeß zu tun gehabt. Ich habe in meinem Bericht nur über Dinge gesprochen, die im Prozeß selber vorkamen. Ich konnte infolgedessen gar nicht die Heiligen vorbringen, von denen Sie sprechen. Ich habe statt dessen mich auf die Widerstandskämpfer beschränken müssen, deren Widerstand, wie ich auseinandersetzte, deshalb so hoch angerechnet werden muß, weil er unter Bedingungen erfolgte, unter denen es Widerstand eigentlich gar nicht geben konnte. Unter den Zeugen, die Herr Hausner vorführte, gab es keine Heiligen, es gab nur einen völlig reinen Menschen, das war der alte Grynspan, über den ich ausführlich berichtete. Es hat ja auch von deutscher Seite immerhin etwas mehr gegeben, als was ich erwähnte. Ich mußte bei dem einzigen Feldwebel Schmidt bleiben, weil im Prozeß kein anderer Name erwähnt und kein anderer Fall genannt wurde.

Daß die Grenze zwischen Opfern und Verfolgten in den Konzentrationslagern selber verwischt worden ist, und zwar berechnet und absichtlich, habe ich in den *Elementen totaler Herrschaft* ausführlich dargestellt. Um zu wiederholen: dies meine ich nicht mit dem jüdischen Anteil an Schuld. Dies gehörte zu dem System und hat in der Tat mit den Juden nicht das geringste zu tun.

Wie Sie zu der Meinung haben kommen können, daß mein Buch »ein Hohn auf den Zionismus« ist, wäre mir ganz und gar unverständlich, wenn ich nicht wüßte, bis zu welchem Maße man es in zionistischen Kreisen verlernt hat, Meinungen auch nur zu hören, die nicht von vornherein abgestempelt sind und auf die jedermann bereits gefaßt ist. Ein zionistischer Freund von mir sagte ganz naiv, daß ja vor allen Dingen das letzte Kapitel außerordentlich pro-Israel sei (Zuständigkeit des Gerichts, Rechtfertigung der Entführung), was es natürlich ist. Was Sie dabei verwirrt, ist, daß meine Argumente und meine Denkweise nicht vorgesehen sind. Oder mit anderen Worten, daß ich unabhängig bin. Und damit meine ich einerseits, daß ich keiner Organisation angehöre und immer nur im eigenen Namen spreche; und andererseits, daß es darauf ankommt, selbst zu denken, und daß, was immer Sie gegen die Resultate einzuwenden haben, Sie selbige nicht verstehen werden, wenn Ihnen nicht klar ist, daß sie die meinigen sind und niemandes sonst.

Es ist schade, daß Sie Ihren Brief nicht mit Ihrem Argument gegen die Vollstreckung des Todesurteils »belastet« haben. Denn ich glaube, daß wir in der Diskussion dieser Frage am klarsten unsere wirklich bestehenden und nicht nur unsere vermeintlichen Differenzen hätten klarstellen können. Sie sagen, es war »historisch falsch«. Meiner Meinung nach war es *politisch* und *juristisch* (das Historische interessiert hier nicht) nicht nur richtig, es wäre schlechterdings unmöglich gewesen, das Urteil nicht zu vollstrecken. Man hätte das Todesurteil nur dann nicht vollstrecken brauchen, wenn man Jaspers' Vorschlag gefolgt wäre und versucht hätte, Eichmann an die United Nations auszuliefern. Das hat ja niemand gewollt, und es war vermutlich auch unmöglich, also mußte man ihn hängen. Gnade kam nicht in Frage, nicht nur aus juristischen Gründen – sie steht ja außerhalb des Rechtsapparates –, sondern weil sie der *Person* gilt im Unterschied zur Tat; der Gnadenakt verzeiht nicht den Mord, sondern begnadigt den *Mörder*, weil er mehr sein kann als seine Tat. Das traf bei Eichmann nicht zu. Und ihn am Leben zu lassen, ohne ihn zu begnadigen, war schon rein juristisch unmöglich.

Ganz zum Schluß komme ich zu der einzigen Sache, in der Sie mich nicht mißverstanden haben, bei der ich mich gefreut habe, daß Sie sie entdeckt haben, und zu der ich mich jetzt doch nur ganz kurz äußern will. Sie haben vollkommen recht, I changed my mind und spreche nicht mehr vom radikal Bösen. Wir haben uns lange nicht gesehen, sonst wären wir vielleicht darauf zu sprechen gekommen. Unklar ist mir, warum Sie die Wendung von der »Banalität des Bösen« ein »Schlagwort« nennen. Soviel ich weiß, hat noch niemand das Wort gebraucht; aber das ist ja egal. Ich bin in der Tat heute der Meinung, daß das Böse immer nur extrem ist, aber niemals radikal, es hat keine Tiefe, auch keine Dämonie. Es kann die ganze Welt verwüsten, gerade weil es wie ein Pilz an der Oberfläche weiterwuchert. Tief aber und radikal ist immer nur das Gute. Aber, wie gesagt, ich möchte mich über diese Dinge nicht weiter äußern, da ich die Absicht habe, darüber noch einmal in anderem Zusammenhang und ausführlich zu handeln. Aber das konkrete Modell für das, was ich meine, wird Herr Eichmann wohl bleiben.

Sie schlagen vor, Ihren Brief zu veröffentlichen, und fragen mich, ob ich etwas dagegen habe. Ich möchte von einer Transformation in die dritte Person abraten. Der Wert dieser Auseinandersetzung besteht darin, daß sie Briefcharakter hat und auf dem Boden der

Freundschaft geführt wird. Wenn Sie also bereit sind, Ihren Brief mit meiner Antwort zugleich zu veröffentlichen, so habe ich selbstverständlich nichts dagegen. Aber lassen wir es bei der Briefform.

Ihre Hannah

Was heißt persönliche Verantwortung unter einer Diktatur?

Persönliche Verantwortung muß man von politischer Verantwortung unterscheiden. Jede Regierung übernimmt die politische Verantwortung für die Taten und Untaten ihrer Vorgängerin, und jede Nation übernimmt die Verantwortung für die Taten und Untaten der Vergangenheit. Wer politische Verantwortung übernimmt, kommt irgendwann an den Punkt, an dem er sagt:

> »Die Zeit ist aus den Fugen: Schmach und Gram,
> daß ich zur Welt, sie einzurichten kam!«
>
> (Shakespeare, Hamlet, I/5)

Aber nicht mit dieser Form von Verantwortung möchte ich mich hier auseinandersetzen. Genau betrachtet ist es nicht persönlich, sondern metaphorisch gemeint, wenn wir sagen, daß wir uns wegen der Sünden unserer Väter oder unseres Volkes oder der Menschheit schuldig *fühlen*, das heißt für Taten und Untaten, die wir selbst nicht begangen haben. Moralisch gesehen ist es ebenso falsch, sich schuldig zu fühlen, ohne etwas Bestimmtes angerichtet zu haben, wie sich schuldlos zu fühlen, wenn man tatsächlich etwas begangen hat. Ich habe es immer für den Inbegriff moralischer Verwirrung gehalten, daß sich im Deutschland der Nachkriegszeit diejenigen, die völlig frei von Schuld waren, gegenseitig und aller Welt versicherten, wie schuldig sie sich fühlten, wohingegen nur wenige der Verbrecher bereit waren, auch nur die geringste Spur von Reue an den Tag zu legen. Dergleichen wie kollektive Schuld oder kollektive Unschuld gibt es nicht; der Schuldbegriff macht nur Sinn, wenn er auf Individuen angewendet wird.

Diese vergleichsweise einfachen Dinge sind etwas komplizierter geworden durch die Theorie des Rädchens im Getriebe, wie ich das nennen möchte. Wenn man ein politisches System beschreibt, wie es funktioniert, welche Beziehungen zwischen den verschiedenen Staatsorganen herrschen, wie die riesigen bürokratischen Apparate arbeiten und welche Befehlskanäle es gibt, dann muß man notwendigerweise von all den Personen sprechen, die das System als Funktionäre benutzt, also von Rädchen aller Art, ohne welche die Verwaltung nicht funktioniert und nicht in Gang gehalten werden kann. Jedes dieser Rädchen, also jede Person muß ersetzt werden können, ohne daß das System geändert wird; dies ist eine Voraussetzung, die allen bürokratischen Systemen, dem ganzen öffentlichen Dienst und eigentlich jeder behördlichen Tätigkeit zugrunde liegt. Dabei ist die Frage nach der persönlichen Verantwortung derer, die das ganze in Betrieb halten, von ganz untergeordneter Bedeutung. Hier stimmt in der Tat, was die Angeklagten in den Nachkriegsprozessen zur Entschuldigung vorbringen wollten: »Wenn ich es nicht getan hätte, dann eben jemand anderes.«

Als ich den Eichmann-Prozeß in Jerusalem beobachtete, spürte ich, daß der große Vorteil eines Verfahrens im Gerichtssaal darin bestand, daß in diesem Rahmen das ganze Gerede vom Rädchen im Getriebe unsinnig ist und man gezwungen wird, alle diese Fragen von einem anderen Blickwinkel aus zu betrachten. Es war natürlich voraussagbar, daß die Verteidigung in dem Sinne argumentieren würde, Eichmann sei bloß ein kleines Rädchen gewesen, – daß der Angeklagte so dachte, war wahrscheinlich, und in gewissem Maße tat er das dann auch – während der Versuch der Anklage, aus ihm das größte Rad aller Zeiten – schlimmer und wichtiger als Hitler – zu machen, kurios war, das hatte man nicht erwartet. Die Richter taten das, was richtig und angemessen war: sie verwarfen diese Auffassung ohne Wenn und Aber – und ich nebenbei gesagt auch. Denn in einem Gerichtssaal, so bemühten sich die Richter klarzustellen, wird keinem System, nicht der Geschichte, keiner historischen Tendenz, keinem »Ismus«, wie zum Beispiel dem Antisemitismus, sondern einer Person der Prozeß gemacht. Und wenn der Angeklagte zufälligerweise ein Funktionär ist, dann wird er genau deshalb angeklagt, weil ein Funktionär immer noch ein menschliches Wesen ist, und allein in dieser Eigenschaft steht er vor Gericht. Folglich lautet die Frage des Gerichts an den Angeklagten: »Haben Sie als das und das, als ein Individuum mit Namen, Geburtsdatum und Geburtsort, also identifizierbar und nicht austauschbar, das Verbrechen, dessen Sie angeklagt sind, begangen, und wenn ja, warum?« Wenn der Angeklagte antwortet: »Das war nicht ich als Person, der das getan hat, ich hatte weder den Willen, noch die Kraft, irgendetwas aus eigener Initiative heraus zu tun, ich war bloß ein Rädchen im Getriebe und austauschbar, jeder andere hätte an meiner Stelle das gemacht; daß ich hier vor Gericht stehe, ist ein Zufall«, dann wird diese Auskunft als unwesentlich abgetan. Denn auf die Antwort hin: »Nicht ich, sondern das System, in dem ich ein Rädchen war, hat es getan« wird sofort die nächste Frage gestellt: »Und warum wurden Sie ein solches Rädchen oder blieben es unter derartigen Umständen?« Wenn man dem Angeklagten erlaubte, sich als Vertreter eines Systems schuldig oder nicht schuldig zu bekennen, würde aus ihm in der Tat ein »Sündenbock«.

Was die Gerichte in all diesen Nachkriegsprozessen verlangten ist, daß sich die Angeklagten nicht hätten an Verbrechen beteiligen dürfen, die von ihrer Regierung legalisiert wurden; und wenn man diese Nichtteilnahme als juristischen Maßstab für Recht und Unrecht einführt, dann wirft dies beträchtliche Probleme gerade im Hinblick auf die Frage der Verantwortung auf. Denn in Wahrheit war es so, daß nur diejenigen, die sich völlig vom öffentlichen Leben zurückzogen und jede Art von politischer Verantwortung ablehnten, es vermeiden konnten, in politische Verbrechen verwickelt zu werden, – das heißt, sie konnten juristischer und moralischer Verantwortung dafür aus dem Weg gehen. Seit der Niederlage Nazi-Deutschlands wird eine hitzige Diskussion über moralische Fragen geführt. Und bei der Enthüllung der beispiellosen Mittäterschaft aller Schichten der offiziellen Gesellschaft an den Verbrechen, das heißt bei der Aufdeckung des vollständigen Zusammenbruchs der gängigen moralischen Maßstäbe, wurde das nachfolgende Argument in endlosen Variationen vorgebracht: »Wir, die wir heute schuldig erscheinen, sind in Wirklichkeit diejenigen, die ausgehalten haben, um Schlimmeres zu verhindern; nur diejenigen, die dabeigeblieben sind, hatten die Möglichkeit, mäßigend einzuwirken und zumindest einigen Menschen zu helfen; wir zollten dem Teufel Tribut, ohne ihm jedoch unsere Seele zu verkaufen, während jene, die nichts taten, sich vor jeder Verantwortung drückten und nur an sich und an die Rettung ihres Seelenheils dachten.« Dies Argument hätte politisch einleuchten können, wenn gleich am Anfang ein Sturz des Hitlerregimes durchgeführt oder zumindest der Versuch dazu unternommen worden wäre. Aber die Leute, die solche Argumente im Mund führen, waren überhaupt keine Verschwörer, nicht einmal in Gedanken. Bei ihnen handelt es sich in der Regel um jene Beamten, ohne deren Fachkenntnisse weder das Hitlerregime noch die Adenauerregierung hätten fortbestehen können.

Im Unterschied zur juristischen Verantwortlichkeit stellt sich die Frage der persönlichen oder moralischen Verantwortung nur für jene, die keine überzeugten Anhänger des Regimes waren. Aber selbst dieser einfache Sachverhalt ist völlig durcheinandergeraten, denn als schließlich der Tag der Abrechnung kam, stellte sich heraus, daß es keine überzeugten Anhänger gegeben hatte. Und das Ärgerliche daran ist, daß es sich, auch wenn es gelogen war, doch nicht einfach um eine glatte Lüge handelte. Denn so wie es diesen politisch neutralen Menschen im Anfangsstadium gegangen war, ging es den Parteimitgliedern und selbst den Eliteformationen der SS in der Endphase. Es gab im Dritten Reich nur wenige Menschen, die die späteren Verbrechen des Regimes aus vollem Herzen bejahten, dafür aber eine große Zahl, die absolut bereit waren, sie dennoch auszuführen. Und nun behauptet jeder einzelne, egal welchen Posten er hatte und was er tat, daß diejenigen, die unter irgendeinem Vorwand sich ins Privatleben zurückgezogen hatten, sich damit auf billige Weise vor der Verantwortung gedrückt hätten.

Bei ihrer moralischen Rechtfertigung hat vornehmlich das Argument des kleineren Übels eine Rolle gespielt. Wenn man mit zwei Übeln konfrontiert werde, so lautet das Argument, dann sei man verpflichtet, das kleinere von beiden zu wählen, wohingegen es unverantwortlich sei, die Wahl rundweg abzulehnen. Die Schwäche dieses Arguments bestand schon immer darin, daß diejenigen, die das kleinere Übel wählen, rasch vergessen, daß sie sich *für* ein Übel entscheiden. Da das Übel des Dritten Reiches schließlich so ungeheuerlich wurde, daß man es beim besten Willen nicht mehr als ein »kleineres Übel« bezeichnen konnte, hätte man annehmen können, daß diese Argumentation nun ein für allemal zusammengebrochen wäre, was erstaunlicherweise nicht der Fall ist. Darüberhinaus stellt man bei der Betrachtung totalitärer Herrschaftsmethoden fest, daß das Argument des kleineren Übels bei weitem nicht nur von jenen ins Feld geführt wird, die nicht zur herrschenden Elite gehören, sondern daß es offensichtlich als integraler Bestandteil zur Terror- und Verbrechensmaschinerie gehört. Die Hinnahme des kleineren Übels wird bewußt dazu benutzt, die Beamten wie auch die Bevölkerung im allgemeinen daran zu gewöhnen, das Übel an sich zu akzeptieren. Um nur eines von vielen Beispielen zu geben: der Vernichtung der Juden ging eine schrittweise Abfolge antijüdischer Maßnahmen voraus, die im Einzelfall gebilligt wurden, weil die Weigerung, daran mitzuwirken, alles verschlimmert hätte – bis eine Stufe erreicht war, daß Schlimmeres überhaupt nicht mehr passieren konnte. Wir sehen daran, wie sich der menschliche Verstand dagegen sperrt, den Tatsachen, die seinem Bezugssystem auf die eine oder andere Art völlig widersprechen, ins Auge zu blicken. Leider scheint es viel einfacher zu sein, menschliches Verhalten zu konditionieren und Menschen dazu zu bringen, sich auf eine völlig unvorhergesehene und entsetzliche Weise aufzuführen, als irgendjemanden davon zu überzeugen, aus der Erfahrung zu lernen, das heißt mit Denken und Urteilen zu beginnen, anstatt Kategorien und Formeln anzuwenden, die zwar tief in unserem Denken verankert sind, deren Erfahrungsgrundlage aber längst vergessen ist und deren Plausibilität eher auf ihrer logischen Stimmigkeit beruht als darauf, daß sie tatsächlichen Ereignissen angemessen sind.

Um diese Schwierigkeiten der Urteilsbildung zu erläutern, die auftauchen, wenn man nicht mehr auf allgemein anerkannte Regeln zurückgreifen kann, will ich von den moralischen zu den rechtlichen Maßstäben übergehen, weil diese im allgemeinen besser definiert sind. In den Kriegsverbrecherprozessen und in der Diskussion über persönliche Verantwortung griffen die Angeklagten und deren Anwälte entweder auf das Argument zurück, daß diese Verbrechen »Hoheitsakte« gewesen oder »auf höheren Befehl« begangen worden seien. Diese beiden Kategorien darf man nicht durcheinander bringen. Höhere Befehle sind legal, und zwar im Rahmen der Rechtssprechung, während Hoheitsakte Handlungen im völlig rechtsfreien Raum sind; dabei handelt es sich, so nimmt man an, um souveräne Handlungen, über die niemand zu Gericht sitzen kann. Die Theorie, die hinter dem Begriff der Staatshandlung steht, besagt, daß souveräne Regierungen unter außergewöhnlichen Umständen gezwungen sein könnten, zu verbrecherischen Mitteln zu greifen, weil ihre Existenz oder ihre Macht auf dem Spiel stehen. Die Staatshandlung wird in dieser Theorie stillschweigend mit dem »Verbrechen« verglichen, zu dem ein Individuum aus Gründen der Selbstverteidigung gezwungen wird, das heißt mit einer Tat, die aufgrund außergewöhnlicher Umstände, in denen die bloße Existenz bedroht ist, straffrei bleibt. Dieses Argument ist nicht nur aus dem Grund nicht auf die von totalitären Regierungen und ihren Handlangern begangenen Verbrechen anwendbar, daß diese in keiner Weise durch irgendeine Zwangslage hervorgerufen wurden, sondern es spricht im Gegenteil sehr viel dafür, daß zum Beispiel die Nazi-Regierung in der Lage gewesen wäre zu überleben und vielleicht sogar den Krieg zu gewinnen, wenn sie nicht diese Verbrechen begangen hätte. Weder die politische Theorie der Staatsraison noch die juristische Auffassung der Staatshandlungen sah die völlige Verkehrung der gesetzlichen Ordnung voraus; im Fall des Hitler-Regimes gab es kaum eine Staatshandlung, die, mit normalen Maßstäben gemessen, nicht verbrecherisch war. Folglich waren die verbrecherischen Handlungen, die der Machterhaltung dienen sollten, nicht mehr die Ausnahme von der Regel, sondern umgekehrt waren gelegentliche nicht-verbrecherische Handlungen, wie beispielsweise der Himmler-Befehl, das Vernichtungsprogramm zu stoppen, Ausnahmen vom geltenden »Recht«, nämlich Zugeständnisse an die bittere Notwendigkeit.

Ähnlich unangemessen ist der Begriff des »Handelns auf höheren Befehl« oder das Gegenargument der Richter, daß die Berufung darauf nicht von der Verantwortung befreie. Vorausgesetzt wird dabei, daß Befehle normalerweise nicht verbrecherisch sind und daß aus eben diesem Grund von den Untergebenen erwartet werden kann, den verbrecherischen Charakter eines bestimmten Befehls zu erkennen, wie etwa im Fall eines plötzlich verrückt gewordenen Offiziers, der die Erschießung anderer Offiziere anordnet, oder wenn beispielsweise Kriegsgefangene mißhandelt oder getötet werden sollen. Juristisch gesehen muß der Befehl, den man verweigert, »offenkundig unrechtmäßig« sein; die Rechtswidrigkeit »muß wie eine schwarze Fahne über dem erteilten Befehl wehen, wie ein Warnungszeichen, welches besagt 'Verboten!'«. Mit anderen Worten: für die betreffende Person, die zu entscheiden hat, ob sie gehorcht oder nicht, muß der Befehl eindeutig als Ausnahme gekennzeichnet sein, und das

Problem besteht darin, daß in totalitären Regimes und insbesondere in den letzten Jahren des Hitler-Regimes diese Ausnahmeregelung sich eindeutig auf nicht-verbrecherische Befehle bezog.

Die von mir zitierte Formulierung stammt aus dem Urteilstext eines israelischen Militärgerichts, das sich mehr als die meisten anderen Gerichtshöfe der Welt der Schwierigkeiten bewußt war, die vor dem Hintergrund der absolut verbrecherischen, aber sozusagen legalen Ordnung Hitlerdeutschlands, dem Wort »Rechtmäßigkeit« innewohnen. Das Gericht ging bei der Urteilsbegründung deshalb über die übliche Phrase vom »tief in jedem Menschen verwurzelten Rechtsgefühl« hinaus, »das jeder in sich verspürt, auch wenn er mit den Gesetzbüchern nicht vertraut ist«, und sprach von einer »ins Auge springenden und das Herz empörenden Unrechtmäßigkeit, vorausgesetzt, das Auge ist nicht blind und das Herz nicht versteinert und verdorben« – was alles ganz schön ist, aber, so fürchte ich, nichts taugt, wenn es wirklich darauf ankommt. Denn in diesen Fällen waren die Männer, die Unrecht begingen, mit Geist und Buchstaben der Gesetze des Landes, in dem sie lebten, vertraut, und wenn man sie heute zur Verantwortung zieht, dann verlangt man von ihnen, daß ein in ihrem Innersten verankertes »Rechtsgefühl« dieser ihnen doch so vertrauten Rechtsordnung *widerspricht.*

Unter solchen Umständen ist wirklich mehr erforderlich als ein Auge, das nicht blind, und ein Herz, das nicht versteinert und verdorben ist, wenn man die »Unrechtmäßigkeit« von Handlungen genau erkennen soll. Die Angeklagten in den Kriegsverbrecherprozessen handelten unter Verhältnissen, in denen jede moralische Tat ungesetzlich und jede rechtmäßige Handlung ein Verbrechen war. Daher setzt die reichlich optimistische Auffassung von der menschlichen Natur, die man so deutlich aus dem Urteilsspruch der Richter in Jerusalem und aus anderen Nachkriegsprozessen heraushört, ein unabhängiges menschliches Vermögen voraus, das weder vom Gesetz noch von der öffentlichen Meinung genährt wird, eine Urteilsfähigkeit, die, wann immer etwas getan oder beabsichtigt wird, von neuem in ungetrübter Spontaneität sich äußert. Vielleicht besitzen wir wirklich eine solche Fähigkeit und jeder einzelne von uns handelt jedesmal, wenn er etwas tut, als Gesetzgeber; aber dies meinten die Richter nicht. Alles rhetorische Beiwerk beiseite gelassen, meinten sie eigentlich nur, daß uns ein *Gefühl* für derartige Dinge im Verlauf so vieler Jahrhunderte in Fleisch und Blut übergegangen sei und dieses Empfinden nun nicht plötzlich verloren gegangen sein könne. Das ist, glaube ich, zweifelhaft angesichts des vorliegenden Beweismaterials und auch angesichts der Tatsache, daß jahraus, jahrein ein »unrechtmäßiger« Befehl auf den anderen folgte. Keiner dieser Befehle war planlos ergangen, um unzusammenhängende Verbrechen zu verüben, sondern sie dienten, mit äußerster Konsequenz und Sorgfalt ausgeführt, dem Aufbau der sogenannten »Neuordnung«. Und diese Neuordnung war genau das, was das Wort besagte – sie war nicht nur auf grauenhafte Weise neu, sondern vor allem auch eine *Ordnung*.

Die weitverbreitete Ansicht, wir hätten es hier nur mit einer Verbrecherbande zu tun, die sich eben zu allen möglichen Verbrechen verabredet, ist grob irreführend. Es stimmt, daß es eine wechselnde Anzahl von Kriminellen in den Eliteorganisationen der Bewegung und eine größere Anzahl von Personen gab, die die Schuld an Greueltaten tragen. Doch diese Greueltaten waren nicht typisch; viel wichtiger ist, daß, obwohl vieles zugelassen wurde, derlei Tätlichkeiten eigentlich nicht erlaubt waren. Genauso war Stehlen verboten oder die Annahme von Bestechungsgeldern untersagt. Ebenso irreführend ist die allgemeine Ansicht, wir hätten es hier mit einem Ausbruch des modernen Nihilismus zu tun, denn das nihilistische *Credo* des 19.Jahrhunderts lautete ja: »Alles ist erlaubt«. Doch die Leichtigkeit, mit der das Gewissen betäubt werden konnte, war zum Teil die direkte Folge des Umstands, daß keineswegs »alles erlaubt« war.

Die moralische Dimension dieser Angelegenheit wird indessen niemals dadurch erfaßt, daß man sie mit der Bezeichnung »Völkermord« belegt oder die Millionen Opfer zählt – die Ausrottung ganzer Völker hat es schon im Altertum und auch im modernen Kolonialismus gegeben –, sondern erst dann begreift man den Kern der Sache, wenn man erkennt, daß all dies im Rahmen einer gesetzmäßigen Ordnung geschah, daß der Eckpfeiler dieses »Neuen Rechts« aus dem Gebot bestand »Du sollst töten« – und zwar nicht Deinen Feind, sondern unschuldige Menschen, die nicht einmal gefährlich werden können; und Du sollst dies tun, nicht weil es die Not gebietet, sondern im Gegenteil, weil es gegen alle militärischen Überlegungen und auch gegen alle Nützlichkeitserwägungen spricht. Das Tötungsprogramm sollte erst mit dem letzten auf Erden befindlichen Juden beendet werden und hatte mit dem Krieg nichts zu tun, außer daß Hitler glaubte, mit einem Krieg ließen sich die nichtmilitärischen Tötungsmaßnahmen tarnen; in einem noch größenwahnsinnigeren Umfang sollten diese Maßnahmen in Friedenszeiten fortgesetzt werden. Und diese Taten wurden nicht von Banditen, Monstern oder rasenden Sadisten begangen, sondern von den angesehensten Mitgliedern der ehrenwerten Gesellschaft, die in der Regel nicht einmal die »Führerworte« glaubten, die doch Gesetzeskraft hatten.

Wenn es überhaupt noch eines Beweises für das Ausmaß bedurft hätte, in welchem das ganze Volk, unabhängig von Parteizugehörigkeit und direkter Beteiligung, einfach deshalb an die Neuordnung der Dinge glaubte, weil sie sich eben vollzog, dann wurde dieser Beweis mit der unglaublichen Bemerkung erbracht, die Eichmanns Verteidiger, der selber nie NSDAP-Mitglied gewesen war, zweimal während des Prozesses in Jerusalem machte: bei dem, was in Auschwitz und in den anderen Vernichtungslagern geschehen sei, habe es sich um eine »medizinische Angelegenheit« gehandelt. Es war, als ob die Moral sich just im Augenblick ihres Zusammenbruchs innerhalb einer alten, hochzivilisierten Nation unverhüllt in ihrer ursprünglichen Bedeutung offenbarte, nämlich als Kodex ethischer Normen, Sitten und Gebräuche, dessen vollständiger Austausch genau so wenig Probleme bereiten sollte wie der Wandel in den Tischsitten eines ganzen Volkes.

Ich möchte nun zwei Fragen aufwerfen. Erstens, in welcher Hinsicht unterschieden sich die Wenigen, die in ihren jeweiligen Lebensbereichen nicht kollaborierten und es ablehnten am öffentlichen Leben teilzunehmen, obwohl sie nicht dagegen aufstanden und nicht rebellieren konnten? Zweitens, wenn wir darin übereinstimmen, daß diejenigen, die dem System auf allen möglichen Ebenen und in allen möglichen Funktionen gedient haben, nicht einfach Monster waren, was hat sie dann zu ihrem Verhalten gebracht, und mit welcher moralischen – nicht juristischen – Begründung rechtfertigen sie dies Verhalten nach dem Zusammenbruch der »Neuordnung« und deren neuer Werteskala? Die Antwort auf die erste Frage ist ziemlich einfach. Diejenigen, die nicht teilnahmen und von der Mehrheit als unverantwortlich bezeichnet wurden, waren die einzigen, die es wagten, selber zur urteilen. Zu dieser Urteilsbildung waren sie nicht etwa deshalb in der Lage, weil sie über ein besseres Wertesystem verfügten, oder weil die alten Maßstäbe für Recht und Unrecht immer noch fest in ihrem Denken und ihrem Bewußtsein verwurzelt waren, sondern, so würde ich sagen, weil ihr Gewissen nicht in dieser sozusagen automatischen Weise funktionierte, und zwar so, als ob wir über eine Reihe von erlernten oder angeborenen Regeln verfügten, die wir immer dann, wenn es sich ergibt, anwenden, so daß jede neue Erfahrung oder jede neue Situation bereits im vorhinein beurteilt ist, und wir dann nur das auszuführen brauchen, was uns zuvor schon eigen war oder was wir erlernt haben. Ich glaube, daß diejenigen, die nicht teilnahmen, ein anderes Kriterium hatten: Sie stellten sich die Frage, inwiefern sie mit sich selbst in Frieden leben könnten, wenn sie bestimmte Taten begangen hätten; und sie zogen es vor, nichts zu tun. Nicht weil dadurch die Welt sich zum Besseren verändern würde, sondern weil sie nur unter dieser Bedingung als sie selbst weiterleben konnten. Folglich wählten sie auch den Tod, wenn sie zum Mitmachen gezwungen wurden. Um es ganz kraß auszudrücken: Nicht weil sie das Gebot »Du sollst nicht töten« streng befolgt hätten, lehnten sie es ab zu morden, sondern eher deshalb, weil sie nicht willens waren, mit einem Mörder zusammenzuleben – mit ihnen selbst.

Die Voraussetzung für diese Art der Urteilsbildung ist keine hoch entwickelte Intelligenz oder ein äußerst differenziertes Moralverständnis, sondern schlicht die Gewohnheit, ausdrücklich mit sich selber zusammenzuleben, das heißt, sich in jenem stillen Zwiegespräch zwischen mir und meinem Selbst zu stehen, das wir seit Sokrates und Plato gewöhnlich als Denken bezeichnen. Obwohl sie allem Philosophieren zugrundeliegt, ist diese Art des Denkens nicht fachorientiert und handelt nicht von theoretischen Fragen. Die Trennungslinie zwischen denen, die urteilen, und denen, die sich kein Urteil bilden, verläuft quer zu allen sozialen Unterschieden, quer zu allen Unterschieden in Kultur und Bildung. In dieser Hinsicht kann uns der totale moralische Zusammenbruch der ehrenwerten Gesellschaft während des Hitler-Regimes lehren, daß es sich bei denen, auf die unter diesen Umständen Verlaß ist, nicht um jene handelt, denen Werte lieb und teuer sind und die an moralischen Normen und Maßstäben festhalten; man weiß jetzt, daß sich all dies über Nacht ändern kann, und was dann davon noch übrigbleibt, ist die Gewohnheit, an irgendetwas festzuhalten. Viel verläßlicher werden die Zweifler und Skeptiker sein, nicht etwa weil Skeptizismus gut und Zweifeln heilsam ist, sondern weil diese Menschen es gewohnt sind, Dinge zu überprüfen und sich ihre eigene Meinung zu bilden. Am allerbesten werden jene sein, die wissen, daß wir, solange wir leben, dazu verdammt sind, mit uns selber zusammenzuleben, was auch immer geschehen mag.

Aber was ist mit dem Vorwurf der Verantwortungslosigkeit, der gegen diese wenigen erhoben wurde, die mit dem, was um sie herum passierte, nichts zu tun haben wollten? Ich glaube, wir sollten zugestehen, daß es extreme Situationen gibt, in denen man Verantwortung für die Welt, die primär ein politisches Gebilde ist, nicht übernehmen kann, weil politische Verantwortung immer zumindest ein Minimum an politischer Macht voraussetzt. Ohnmacht, absolute Machtlosigkeit ist, so glaube ich, eine stichhaltige Entschuldigung.

Dies wird vielleicht etwas klarer werden, wenn wir nun unsere Aufmerksamkeit meiner zweiten Frage zuwenden, nämlich der Frage nach denen, die mitmachten und nach den moralischen Begründungen, mit denen sie sich rechtfertigen. Das Argument ist immer dasselbe: Jede Organisation verlangt Gehorsam gegenüber Vorgesetzten wie auch gegenüber den Gesetzen des Landes. Gehorsam ist eine Tugend; ohne sie kann kein politisches Gemeinwesen und auch keine andere Organisation überleben. Dies alles klingt derart plausibel, daß es schon einiger Anstrengung bedarf, um den Fehlschluß, der darin liegt, aufzudecken. Was hier nicht stimmt, ist das Wort »Gehorsam«. Nur ein Kind gehorcht; wenn ein Erwachsener »gehorcht«, dann unterstützt er in Wirklichkeit die Organisation oder die Autorität oder das Gesetz, die »Gehorsam« verlangen. Wenn wir das Wort »Gehorsam« für all diese Situationen gebrauchen, dann geht dieser Gebrauch auf die uralte politikwissenschaftliche Vorstellung zurück, die uns – seit Plato und Aristoteles – sagt, daß jedes politische Gemeinwesen aus Herrschern und Beherrschten besteht und daß erstere befehlen und letztere gehorchen.

Ich kann mich hier nicht mit den Gründen befassen, warum diese Vorstellungen Eingang in unsere Tradition des politischen Denkens gefunden haben, aber ich möchte doch betonen, daß sie frühere und ich glaube auch genauere Auffassungen von den Beziehungen zwischen den Menschen in der Sphäre gemeinsamen Handelns ersetzten. Diesen früheren Auffassungen zufolge kann jede Handlung, die von einer Mehrzahl von Menschen ausgeführt wird, in zwei Phasen eingeteilt werden: den Anfang, den ein »Führer« macht und die Ausführung, an der sich viele beteiligen, um etwas, was dann ein gemeinsames Unternehmen wird, mit

Erfolg abzuschließen. Worauf es in diesem Zusammenhang ankommt, ist die Einsicht, daß kein noch so starker Mensch jemals irgendetwas Gutes oder Schlechtes ausführen kann ohne die Hilfe anderer, die das Vorhaben verwirklichen. Was wir hier vor uns haben, ist die Vorstellung einer Egalität, bei der als »Führer« derjenige gilt, der niemals mehr als nur der erste unter seinesgleichen ist. Diejenigen, die ihm zu gehorchen scheinen, unterstützen in Wirklichkeit ihn und sein Unternehmen. Ohne derartigen »Gehorsam« wäre er hilflos, wohingegen im Kindergarten oder in der Sklaverei – also in den beiden Sphären, wo die Vorstellung von Gehorsam einen Sinn hatte und von wo sie dann auf politische Angelegenheiten übertragen wurde – das Kind oder der Sklave hilflos werden, wenn sie die »Kooperation« verweigern. Selbst in einer strikt bürokratischen Organisation mit ihrer festgefügten hierarchischen Ordnung wäre es viel sinnvoller, das Funktionieren der »Rädchen« und der Räder als eine umfassende Unterstützung eines gemeinsamen Unternehmens anzusehen, anstatt wie sonst üblich, von Gehorsam gegenüber Vorgesetzten zu sprechen. Wenn ich den Gesetzen des Landes gehorche, dann unterstütze ich in Wirklichkeit dessen Verfassung. Rebellen und Revolutionäre, die nicht mehr gehorchen, weil sie ihr stillschweigendes Einverständnis aufgekündigt haben, machen diesen Sachverhalt ganz offenkundig.

So gesehen sind jene, die nicht am öffentlichen Leben unter einer Diktatur teilgenommen haben, auch diejenigen, die sich geweigert haben, sie zu unterstützen, indem sie jene Orte der »Verantwortung« mieden, wo eine derartige Unterstützung unter Berufung auf Gehorsam gefordert wird. Und wir brauchen uns nur einen Augenblick lang vorzustellen, was mit dieser Art von Regierungen passieren würde, wenn genügend Leute »unverantwortlich« handelten und die Unterstützung verweigerten, sogar ohne aktiven Widerstand oder Aufruhr, um zu sehen, welch eine wirkungsvolle Waffe dies sein könnte. Es handelt sich dabei in der Tat um eine der vielen Varianten gewaltloser Aktion, um Widerstandsformen, die in unserem Jahrhundert entdeckt werden. Der Grund, weshalb wir diese neuen Verbrecher dennoch für das, was sie taten, verantwortlich machen, liegt darin, daß es in politischen und moralischen Angelegenheiten so etwas wie Gehorsam nicht gibt.

Folglich sollten diejenigen, die mitmachten und Befehlen gehorchten nie gefragt werden: »Warum hast Du gehorcht?«, sondern: »Warum hast Du Unterstützung geleistet?« Dieser Austausch von Wörtern ist für jene keine belanglose semantische Spielerei, die den merkwürdigen und mächtigen Einfluß bloßer »Worte« auf das Denken der Menschen kennen, die doch in erster Linie sprechende Wesen sind. Es wäre viel gewonnen, wenn wir das bösartige Wort »Gehorsam« aus dem Vokabular unseres moralischen und politischen Denkens streichen könnten. Wenn wir diese Fragen durchdenken, könnten wir ein gewisses Maß an Selbstvertrauen und sogar Stolz zurückgewinnen, – das, was frühere Zeiten die Würde oder die Ehre, vielleicht nicht der Menschheit, so doch des Menschen, genannt haben.

Der Auschwitz-Prozeß

I.

Aus den ungefähr zweitausend SS-Männern, die zwischen 1940 und 1945 in Auschwitz Dienst taten und von denen noch viele am Leben sein müssen hat man eine »Handvoll unerträglicher Fälle« herausgefischt und des Mordes angeklagt. Diese Straftat war das einzige Delikt, das nicht unter das Gesetz über die Verjährung fiel, als im Dezember 1963 der Frankfurter Auschwitz-Prozeß begann. Die Ermittlungen hatten viele Jahre gedauert, Dokumente, die »nicht sehr ergiebig« waren, wurden gesammelt, 1300 Zeugen wurden vernommen – und weitere Auschwitz-Prozesse sollten folgen. (Nur ein einziger Folgeprozeß hat bislang stattgefunden. Dieses zweite Verfahren wurde im Dezember 1965 eröffnet; einer der Angeklagten, Gerhard Neubert, gehörte ursprünglich zu den Angeklagten im ersten Prozeß. Im Gegensatz zum ersten Prozeß wurde über den zweiten in der Presse derart wenig berichtet, daß es einiger »Nachforschungen« bedurfte, um festzustellen, ob er überhaupt stattgefunden hatte). Oder wie es die Staatsanwaltschaft in Frankfurt ausgedrückt hat: *»Die Mehrheit des deutschen Volkes will heute keine Prozesse gegen NS-Gewaltverbrecher mehr führen«.*

Die zwanzig Monate währende Konfrontation mit

den ungeheuerlichen Taten und das aggressive Auftreten der Angeklagten, die so wenig Reue zeigten, daß es schon grotesk war, und die es gelegentlich fast geschafft hätten, den Prozeß zu einer Farce werden zu lassen – all dies hatte keinen Einfluß auf das öffentliche Meinungsklima, obgleich in deutschen Zeitungen und im Rundfunk ausführlich über den Prozeßverlauf berichtet wurde. (Bernd Naumanns äußerst aufmerksam geschriebene Reportagen sind die solidesten Berichte. Sie sind zuerst in der *Frankfurter Allgemeine Zeitung* erschienen.) Wie dieses Klima beschaffen war, das wurde – mitten während des Auschwitz-Prozesses – in den ersten Monaten des Jahres 1965 bei der hitzig geführten Debatte über den Vorschlag deutlich, die Verjährung für Nazi-Verbrechen zu verlängern, als sogar der Bonner Justizminister Bucher dafür plädierte, die »Mörder unter uns« in Frieden zu lassen. Doch bei diesen »unerträglichen Fällen« der »Strafsache Mulka u.a.«, wie der Auschwitz-Prozeß offiziell hieß, handelte es sich nicht um Schreibtischtäter. Von wenigen Ausnahmen abgesehen waren sie nicht einmal »Regimetäter«, die Befehle ausgeführt hatten. Sie waren eher die Parasiten und Nutznießer eines verbrecherischen Systems, das den Massenmord, die Vernichtung von Millionen Menschen, zur Gesetzespflicht erhoben hatte. Daß die öffentliche Meinung in Deutschland, was diesen Punkt angeht, die Enthüllungen des Auschwitz-Prozesses überdauern konnte, gehört verblüffenderweise zu den vielen furchtbaren Wahrheiten, mit denen uns das Buch von Naumann konfrontiert.

Denn das, was die Mehrheit denkt und wünscht, macht die öffentliche Meinung aus, selbst wenn es aus den öffentlichen Kommunikationskanälen – Presse, Radio und Fernsehen – ganz anders tönt. Es handelt sich dabei um den bekannten Unterschied von *le pays réel* und der veröffentlichten Meinung; und wenn diese Differenz sich einmal zu einer Kluft ausgeweitet hat, dann ist sie Anzeichen einer klar vorhandenen Gefährdung des politischen Gemeinwesens. Genau diese Art öffentliche Meinung, die alles durchdringen kann und doch nur selten zur Sprache gebracht wird, enthüllte der Frankfurter Prozeß in ihrer wirklichen Stärke und ganzen Tragweite. Sie kam offen zum Ausdruck im Verhalten der Angeklagten – in ihrer lachenden und grinsenden Unverschämtheit gegenüber der Staatsanwaltschaft und gegenüber den Zeugen, in ihrer mangelhaften Achtung des Gerichts, in den »verachtungsvollen und bedrohlichen« Blicken, die sie dem Publikum in den seltenen Augenblicken, in denen Laute des Entsetzens hörbar wurden, zuwarfen. Nur einmal ist eine einsame Stimme zu vernehmen, die darauf mit »Warum bringt Ihr es nicht hinter Euch und schlagt ihn tot«? reagiert. Sie manifestierte sich im Verhalten der Anwälte, welche die Richter beständig daran erinnerten, sie sollten keine Rücksicht nehmen auf das, »was man von uns im Ausland oder sonstwo denken mag« und immer wieder andeuteten, daß nicht deutsche Gerechtigkeitssehnsucht, sondern die vom Verlangen der Opfer nach »Vergeltung« und »Rache« beeinflußte Weltmeinung die wahre Ursache für die gegenwärtigen Schwierigkeiten ihrer Klienten sei. Ausländische Journalisten, jedoch kein deutscher Reporter soviel ich weiß, waren schockiert darüber, daß »diejenigen Angeklagten, die immer noch zuhause leben, von ihren Gemeinden keineswegs geächtet wurden«.[1] Naumann berichtet von einem Vorfall, bei dem zwei Angeklagte am uniformierten Wachmann außerhalb des Gebäudes vorübergingen und ihn mit einem herz-

1. Sybille Bedford in *The Observer*, London, 5. Januar 1964.

lichen »Frohes Fest« grüßten, worauf dieser den Gruß mit »Frohe Ostern« erwiderte. War dies die *vox populi?*

Es lag natürlich an diesem öffentlichen Meinungsklima, daß die Angeklagten jahrelang ein normales Leben unter ihrem eigenen Namen führen konnten, ehe sie angeklagt wurden. Wie Boger, der Schlimmste unter ihnen – der Lagerexperte für »verschärfte Verhöre« mit Hilfe der »Boger-Schaukel«, seiner »Sprech-« oder »Schreibmaschine« – bemerkte, hatten diese Jahre »gezeigt, daß die Deutschen zusammenhielten, denn sie kannten mich alle«. Die meisten von ihnen lebten friedlich dahin, wenn sie nicht das Pech hatten, von einem Überlebenden erkannt und entweder beim Internationalen Auschwitz-Komitee in Wien angezeigt zu werden oder bei der Zentralen Stelle zur Verfolgung nationalsozialistischer Gewaltverbrechen in der Bundesrepublik, die Ende 1958 mit der Sammlung von Material für Verfahren gegen Nazi-Verbrecher vor verschiedenen Gerichten begonnen hatte. Doch selbst dieser Umstand bedeutete kein allzu großes Risiko, denn die Landesjustizverwaltungen zeichneten sich – mit der Ausnahme von Frankfurt, wo Dr. Fritz Bauer, ein deutscher Jude, Generalstaatsanwalt war – bei der Verfolgung der Verbrechen nicht gerade durch Eifer aus, und deutsche Zeugen verweigerten hartnäckig ihre Mitwirkung.

Wer also dann waren die Zeugen in Frankfurt? Das Gericht hatte sie, Juden und Nichtjuden, aus vielen Ländern herbestellt, aus Rußland, Polen, Österreich, Ostdeutschland, Israel und aus Amerika. Nur wenige Zeugen, die in West-Deutschland wohnten, waren Juden; bei den meisten handelte es sich entweder um ehemalige SS-Angehörige, die riskierten, selbst angeklagt zu werden (das Gericht vernahm eine ganze

Reihe solcher Fälle und ließ einen dieser Zeugen verhaften) oder um ehemalige politische Häftlinge, die für die in Frankfurt von einem Herrn der IG-Farben repräsentierte »Mehrheit des deutschen Volkes« ohnehin »zumeist asoziale Elemente« waren. Wie sich herausstellte, wurde diese Auffassung nun auch von einigen ehemaligen Häftlingen geteilt: »Die SS-Leute wurden ja infiziert« von den Häftlingen; nicht die Bewacher, sondern die Häftlinge »waren Bestien in Menschengestalt«. Die Brutalität der Bewacher sei verständlich, denn ihre Opfer, insbesondere »die galizischen Juden seien sehr undiszipliniert gewesen«; und die SS sei »schlimm« geworden unter dem Einfluß der Kapos, der sogenannten Funktionshäftlinge. Doch selbst jene Deutschen, die sich mit solchen Redereien zurückhielten, waren nicht bereit, vor Gericht das zu wiederholen, was sie in den Voruntersuchungen zu Protokoll gegeben hatten: Sie widerriefen ihre Zeugenaussage, erinnerten sich nicht daran, oder behaupteten, sie seien unter Druck gesetzt worden (was sicherlich nicht stimmt); sie seien vielleicht betrunken gewesen, vielleicht hätten sie auch die Unwahrheit gesagt – so ging es in eintöniger Wiederholung fort. Die Diskrepanzen sind himmelschreiend, irritierend und peinlich, und man spürt, daß dahinter die öffentliche Meinung steht, mit welcher die Zeugen nicht konfrontiert waren, als sie *in camera*, unter Ausschluß der Öffentlichkeit, aussagten. Fast jeder einzelne von ihnen würde eher zugeben, ein Lügner zu sein, als zu riskieren, daß seine Nachbarn in der Zeitung lesen könnten, er gehöre nicht zu den Deutschen, die »zusammenhalten«.

Die Richter befanden sich wirklich in einem Dilemma bei diesem Verfahren, in dem »ausschließlich nur Zeugenaussagen zur Verfügung stehen«, die selbst im günstigsten Fall notorisch unzuverlässig sind. Das schwache Glied in der Beweiserhebung bei diesem Verfahren war jedoch kaum der Mangel an objektiven »unwiderlegbaren« Beweisen – den »kleinen Mosaiksteinchen« wie Fingerabdrücken, Fußspuren, Obduktionsberichten über die Todesursache und dergleichen – noch waren es die unvermeidlichen Gedächtnislükken der Zeugen, die über Daten und Einzelheiten von Ereignissen aussagten, die über zwanzig Jahre zurücklagen, oder gar die fast unwiderstehliche Versuchung des Zeugen, »Dinge, die ihm von anderen in diesem Milieu sehr drastisch erzählt wurden, als eigenes Erlebnis aufzufassen«. Es war eher die fantastische Diskrepanz zwischen den Aussagen bei der Voruntersuchung und den Aussagen vor Gericht, wie dies bei den meisten deutschen Zeugen der Fall war; der gerechtfertigte Verdacht, daß die Aussagen der polnischen Zeugen von einer polnischen Regierungsbehörde für die Verfolgung von Nazi-Verbrechen in Warschau präpariert worden waren; die weniger gerechtfertigte Vermutung, daß die Aussagen einiger jüdischer Zeugen vom Internationalen Auschwitz-Komitee in Wien hätten manipuliert sein können; die unvermeidliche Aufrufung von ehemaligen Kapos in den Zeugenstand, von Spitzeln und Ukrainern, die »mit der Gestapo im Lager unter einer Decke steckten«; und schließlich die betrübliche Tatsache, daß die glaubwürdigste Kategorie, nämlich die Überlebenden, aus zwei sehr verschiedenen Gruppen bestanden – aus denjenigen, die durch einen schieren Glücksfall überlebt hatten, was hieß, daß sie in der Lagerverwaltung, in der Krankenabteilung oder in der Küche tätig gewesen waren, und aus denjenigen, die, wie es einer von ihnen ausdrückte, sofort verstanden hatten, daß »nur ein paar gerettet werden konnten, und zu den wollte ich gehören«.

Das Gericht unter Vorsitz des fähigen und besonnenen Richters Hans Hofmeyer bemühte sich, alle politischen Fragen auszuklammern – »Nicht stand für das Gericht die politische Schuld, die moralische und die ethische Schuld im Mittelpunkt seiner Prüfung« – und das wirklich außergewöhnliche Verfahren wie »einen normalen Strafprozeß, mag er auch einen Hintergrund haben, wie er wolle«, zu führen. Jedoch kam der politische Hintergrund der Vergangenheit wie der Gegenwart – nämlich die legal sanktionierte verbrecherische Staatsordnung des Dritten Reiches, dessen Nachfolgerin die Bundesrepublik ist, und die gegenwärtigen Auffassungen der Mehrheit des deutschen Volkes über diese Vergangenheit – sachlich wie juristisch in jeder einzelnen Sitzung spürbar zum Ausdruck.

Noch hervorstechender als diese Diskrepanzen zwischen den Zeugenaussagen bei der Voruntersuchung und vor Gericht war die Tatsache – und diese läßt sich nicht anders erklären als durch die öffentliche Meinung außerhalb des Gerichtssaals –, daß mit den Aussagen der Angeklagten genau dasselbe passieren sollte. Sicherlich war diesen Leuten von ihren Verteidigern jetzt gesagt worden, der sicherste Weg sei, einfach alles abzustreiten und nicht im geringsten auf Glaubwürdigkeit zu achten: »Keiner hat hier was gemacht«, sagte Richter Hofmeyer. »Der Kommandant war nicht da, der Schutzhaftlagerführer war nur so anwesend, der Beauftragte der Politischen Abteilung kam nur mit den Listen, der andere kam nur mit den Schlüsseln«. Dies erklärt, warum es eine »Mauer des Schweigens« gab, warum die Angeklagten hartnäckig, wenn auch nicht in sich stimmig logen; viele von ihnen waren einfach nicht intelligent genug, um schlüssig zu denken. (In Deutschland sagen Angeklagte nicht unter Eid aus.) Es erklärt auch, warum Kaduk – ein ehemaliger Fleischer und ein verschlagener, primitiver und brutaler Kerl, der nach seiner Identifizierung durch einen früheren Häftling von einem sowjetischen Militärtribunal zum Tode verurteilt und 1956 begnadigt worden war – sich vor Gericht nicht wie bei der Vorermittlung damit brüstet, er sei »ein scharfer Hund ... nicht der Typ, der darunter zusammenbricht« gewesen oder es bedauert, daß er den polnischen Präsidenten Cyrankiewicz nur geschlagen, aber nicht umgebracht habe. (Unmittelbar nach dem Krieg konnte man solche Prahlereien noch vor Gericht hören. Naumann erwähnt den Sachsenhausen-Prozeß vor einem alliierten Militärgericht, bei dem ein Angeklagter stolz verkünden konnte, daß die anderen Bewacher vielleicht »außergewöhnlich brutal« gewesen seien, »aber mir konnten sie nicht das Wasser reichen«.) Wahrscheinlich auch auf Anraten ihrer Verteidiger konnten die Angeklagten, die sich vor dem Untersuchungsrichter ganz offen gegenseitig beschuldigt hatten und über die Unschuldsbeteuerungen ihrer Kollegen »nur lachen« konnten, vor Gericht »sich anscheinend an diesen Teil ihrer Aussage nicht mehr erinnern«. Dies alles ist nichts anderes, als was man von Mördern erwarten konnte, die zu allerletzt an das dachten, was Richter Hofmeyer »Sühne« nannte.

Man erfährt wenig über die gerichtlichen Voruntersuchungen, doch was man erfährt scheint darauf hinzudeuten, daß die erwähnten Diskrepanzen nicht nur bei den Aussagen zu finden sind, sondern daß sie genau so in der allgemeinen Einstellung und im Verhalten auftreten. Das herausragende Beispiel für diesen eher grundsätzlichen Aspekt – und vielleicht das interessanteste psychologische Phänomen, das während des Prozesses zu Tage trat – ist der Fall Pery Broad. Er ist einer der jüngsten Angeklagten und schrieb kurz nach Kriegsende für die britischen Besatzungsbehörden einen ausgezeichneten, völlig glaubwürdigen Bericht über das Lager Auschwitz. Der Broad-Bericht, eine trockene, objektive und sachliche Schilderung, liest sich als wäre der Autor ein Engländer, der es versteht, seine Empörung hinter einer Fassade äußerster Nüchternheit zu verbergen. Es besteht kein Zweifel daran, daß Broad den Bericht allein und freiwillig verfaßt hat. Er hat beim Spiel mit der »Boger-Schaukel« mitgemacht und wurde von einem Zeugen als »klug, intelligent und raffiniert« beschrieben; bei den Häftlingen war er als der »Tod in weißen Handschuhen« bekannt und er schien sich »über alles zu amüsieren, was in Auschwitz vor sich ging«. Und noch weniger zweifelhaft ist, daß er sein Tun jetzt sehr bedauert. Während der polizeilichen Vorermittlungen war er »gesprächig« und gab zu, mindestens einen Häftling erschossen zu haben (»Mit Sicherheit weiß ich, daß die Person, die ich erschossen habe, keine Frau war«) und sagte, er fühle sich durch die Verhaftung »erleichtert«. Der Richter nannte ihn eine *schillernde* Persönlichkeit, doch das besagt wenig und könnte, wenn auch auf einer ganz anderen Ebene, genau so gut auf den brutalen Kaduk zutreffen, der von den Patienten in einem Berliner Krankenhaus, wo er als Pfleger arbeitete, Papa Kaduk gerufen wurde. Diese scheinbar unerklärlichen Verhaltensunterschiede, die am deutlichsten im Fall Pery Broad hervortreten – zuerst in Auschwitz, dann vor den britischen Besatzungsbehörden, danach vor dem Vernehmungsbeamten und schließlich wieder mitten unter seinen alten »Kameraden« vor Gericht – müssen mit dem Auftreten von Naziverbrechern vor nicht-deutschen Gerichten verglichen werden. Im Verlauf der Frankfurter Verhandlung ergab sich kaum eine Gelegenheit, aus nicht-deutschen Gerichtsverfahren zu zitieren, es sei denn, es wurden für das Protokoll

Erklärungen von Verstorbenen verlesen, deren Aussagen die Angeklagten beschuldigten. Dies war der Fall mit der Aussage von Dr. Fritz Klein, einem Sanitätsoffizier in Auschwitz, der unmittelbar nach der Niederlage im Mai 1945 von britischen Untersuchungsbeamten vernommen worden war und vor seiner Hinrichtung ein Schuldgeständnis unterzeichnet hatte: »Ich sehe ein, daß ich für die Tötung Tausender, vor allem in Auschwitz, verantwortlich bin, ebenso wie alle anderen, von oben herunter«.

Der entscheidende Punkt ist der, daß die Angeklagten in Frankfurt, wie übrigens fast alle anderen Naziverbrecher auch, nicht nur aus Gründen des Selbstschutzes so auftraten, sondern auch eine bemerkenswerte Tendenz zur Anpassung an ihre jeweilige Umgebung an den Tag legten, d.h. die Eigenschaft, sich sozusagen im Nu »gleichzuschalten«. Es sieht so aus, als seien sie nicht für Autorität und Furcht empfänglich geworden, sondern als hätten sie ein feines Gespür für das jeweils vorherrschende Meinungsklima entwickelt. (Diese Atmosphäre kam in den einsamen Auseinandersetzungen mit den Vernehmungsbeamten nicht zum Tragen. In Frankfurt und in Ludwigsburg – dem Sitz der Zentralen Stelle für die Verfolgung von nationalsozialistischen Gewaltverbrechen, wo einige der Angeklagten zuerst vernommen worden waren, traten die betreffenden Beamten ganz eindeutig für die Durchführung dieser Prozesse ein.) Daß Broad, der seinen zwanzig Jahre zurückliegenden Bericht für die britischen Besatzungsbehörden mit einer Art Loblied auf England und Amerika beschloß, zum herausragenden Beispiel für diese Einfühlsamkeit wurde, liegt weniger an seinem zweifelhaften Charakter, sondern ganz schlicht daran, daß er der intelligenteste dieses Vereins war und sich am besten auszudrücken wußte.

Nur einer der Angeklagten, der Arzt Dr. Lucas, zeigt keine offene Mißachtung des Gerichts, er lacht nicht, er beleidigt keine Zeugen, er verlangt nicht, daß die Nebenkläger sich entschuldigen und versucht nicht, mit den anderen Späße zu treiben. Man versteht eigentlich überhaupt nicht, was er hier zu suchen hat, denn er scheint das genaue Gegenteil eines »unerträglichen Falles« zu sein. Er verbrachte nur einige Monate in Auschwitz und wird von zahlreichen Zeugen seiner Güte und seiner verzweifelten Hilfsbemühungen wegen gelobt; er ist auch der einzige, der zustimmt, das Gericht zum Lokaltermin in Auschwitz zu begleiten, und es klingt völlig überzeugend, wenn er in seinem Schlußwort erwähnt, daß er über seine Erlebnisse in Konzentrations- und Vernichtungslagern »niemals hinwegkommen werde«, daß er gedacht habe, wie viele Zeugen bestätigten, »möglichst vielen jüdischen Häftlingen das Leben zu erhalten. Aber heute wie damals bewegt mich die Frage: Und die anderen?« Seine Mitangeklagten bringen durch ihr Verhalten zum Ausdruck, was Baretzki, der hauptsächlich dadurch im Lager berüchtigt war, daß er Häftlinge mit einem einzigen Handkantenschlag tötete, dumm wie er war, ganz offen aussprach: *»Wenn ich heute etwas sagen würde, wer weiß, wenn morgen alles anders wird, dann könnte man mich erschießen«.*

Es ist nämlich so, daß keiner der Angeklagten, mit Ausnahme von Dr. Lucas, die Verhandlungen vor dem Schwurgericht Frankfurt sehr ernst nimmt. Der Urteilsspruch wird nicht für das letzte Wort der Geschichte oder der Gerechtigkeit gehalten. Und angesichts der deutschen Rechtssprechung und des öffentlichen Meinungsklimas fällt es schwer zu behaupten, daß sie damit gänzlich unrecht hätten. Das letzte Wort in Frankfurt war ein Urteilsspruch, mit dem siebzehn der Angeklagten zu langjährigen – sieben zu lebenslänglichen – Zuchthausstrafen verurteilt und drei freigesprochen wurden. Aber nur zwei Urteile, zwei Freisprüche, sind wirksam geworden. In Deutschland muß der Angeklagte das Urteil entweder akzeptieren oder bei einer höheren Instanz Revision einlegen; natürlich hat die Verteidigung letzteres in all den Fällen getan, die nicht mit einem Freispruch endeten. Der Weg der Berufung steht auch der Staatsanwaltschaft offen und sie hat in zehn Fällen Revision eingelegt, zu denen auch der Freispruch von Dr. Schatz gehört. Wenn die Berufung eingelegt ist, wird der Verurteilte auf freien Fuß gesetzt bis die Revisionsinstanz entschieden hat, es sei denn, der Richter erwirkt eine neuerliche Vollzugsanordnung, was in allen Fällen für die nächsten sechs Monate geschah. Seither ist jedoch ein ganzes Jahr verstrichen, und bislang haben noch keine Revisionsverhandlungen stattgefunden, nicht einmal ein Termin wurde dafür angesetzt. Ich weiß nicht, ob neue Vollzugsanordnungen ausgestellt worden sind, oder ob die Angeklagten, mit Ausnahme derer, die wegen anderer Vergehen im Gefängnis sitzen, nach Hause gegangen sind. Jedenfalls ist der Fall nicht abgeschlossen.

Boger lächelte als er hörte, daß die Staatsanwaltschaft lebenslänglich beantragt hatte. Was ging in seinem Kopf vor? Dachte er an die Berufung oder an eine mögliche Amnestie für alle Naziverbrecher, an sein Alter (er ist erst sechzig und augenscheinlich bei guter Gesundheit), oder vielleicht daran, daß »morgen alles anders wird?«

II.

Es wäre ziemlich unfair, der »Mehrheit des deutschen Volkes« mangelnde Begeisterung für Gerichtsverfahren gegen Naziverbrecher vorzuwerfen, ohne über die Verhältnisse der Adenauer-Ära zu sprechen. Es ist ein offenes Geheimnis, daß die westdeutschen Verwaltungsbehörden auf allen Ebenen mit ehemaligen Nazis durchsetzt sind. Hans Globke wurde zuerst durch seinen infamen Kommentar zu den Nürnberger Gesetzen und dann als enger Berater Adenauers bekannt; sein Name ist zum Symbol für einen Zustand geworden, welcher dem Ansehen und der Stellung der Bundesrepublik mehr geschadet hat als alles andere. Die Tatsachen in dieser Situation – nicht offizielle Erklärungen oder Verlautbarungen der Medien – haben das Meinungsklima im pays réel geschaffen, und es verwundert unter diesen Umständen nicht, daß die öffentliche Meinung lautet: *Die kleinen Fische fängt man, die großen machen weiter Karriere.*

Denn es stimmt allerdings, daß die Angeklagten in Frankfurt, wenn man die Nazi-Hierarchie zugrundelegt, kleine Fische waren. Der höchste SS-Offiziersrang, den Mulka, Adjutant des Lagerkommandanten Höss, den Höcker, Adjutant von Höss' Nachfolger Richard Baer, und den der ehemalige Schutzhaftlagerführer Hofmann innehatten, war der eines Hauptsturmführers. Auch innerhalb der deutschen Gesellschaft waren sie kleine Fische. Die Hälfte von ihnen kam aus der Arbeiterklasse, hatte acht Jahre eine Volksschule durchlaufen und dann als Lohnarbeiter gearbeitet; von den zehn anderen gehörten nur fünf zur Mittelschicht – der Arzt, die zwei Zahnärzte und die beiden Geschäftsleute Mulka und Capesius –, während die anderen fünf eher zur unteren Mittelschicht zählten. Außerdem haben vier von ihnen anscheinend Vorstrafen aufzuweisen: Mulka 1920, weil er Geld unterschlagen hatte; Boger 1940, als er bei der Kriminalpolizei arbeitete, wegen Abtreibung; Bischoff (der während des Prozesses verstarb) und Dr. Schatz wurden 1934 beziehungsweise 1937 aus unbekannten, aber sicher nicht aus politischen Gründen aus der Nazipartei ausgeschlossen. Sie waren in jeder Hinsicht, selbst im Hinblick auf das Strafregister, kleine Fische. Und soweit es den Prozeß betrifft, muß man sich vor Augen halten, daß sich keiner von ihnen freiwillig für den Dienst in Auschwitz zur Verfügung gestellt hat oder gar in der Lage dazu gewesen war. Sie können im wesentlichen auch nicht für das im Lager verübte Hauptverbrechen, für die Vernichtung von Millionen Menschen durch Gas, verantwortlich gemacht werden; denn die Entscheidung, das Verbrechen des Völkermords zu begehen, war in der Tat, wie die Verteidigung sagte, »unwiderruflich durch einen Befehl Hitlers getroffen worden« und wurde mit peinlicher Sorgfalt von Schreibtischmördern in höheren Positionen ausgeführt, die sich dabei nicht die Hände schmutzig machen mußten.

Von der »hohlen Rhetorik« abgesehen, plädierte die Verteidigung seltsam widersprüchlich und gründete ihre Theorie des kleinen Mannes auf zwei Argumente: erstens seien die Angeklagten zu ihren Taten *gezwungen* worden und keinesfalls in der Lage gewesen zu erkennen, daß es sich dabei um kriminelle Vergehen gehandelt habe. Doch wenn sie ihr Handeln nicht für falsch gehalten hatten (und es stellte sich heraus, daß die meisten nie einen Gedanken an diese Frage verschwendet hatten), warum war es dann notwendig gewesen, sie dazu zu zwingen? Das zweite Argument der Verteidigung besagte, daß die Selektion von gesunden Menschen auf der Rampe in Wirklichkeit eine Rettungsoperation gewesen sei, denn andernfalls »wären alle Ankommenden vernichtet worden«. Doch wenn man diesen unhaltbaren Einwand beiseite läßt, erhebt sich die Frage, ob denn nicht auch die Selektionen auf Befehl von oben durchgeführt wurden? Und wie kann man den Angeklagten *zugute halten*, daß sie Befehlen gehorcht haben, wenn eben dieser Gehorsam den wichtigsten und einzig möglichen Entlastungsgrund für die Angeklagten darstellen soll?

Indes ist die Theorie des kleinen Mannes nicht ganz ohne Aussagewert, wenn man sie auf dem Hintergrund des öffentlichen Lebens in der Bundesrepublik betrachtet. Der brutale Kaduk faßt es folgendermaßen zusammen: »Es geht nicht um die Tat, die wir begangen haben, sondern um die Herren, die uns ins Unglück gestürzt haben. Die meisten gehen noch frei herum, wie der Globke. Das tut einem weh«. Und bei einer anderen Gelegenheit sagt er: »Nun müssen wir alles ausbaden. Den letzten beißen die Hunde, nicht wahr«. Der gleiche Ton wurde von Hofmann angeschlagen, der zwei Jahre vor dem Auschwitz-Prozeß wegen zweier in Dachau begangener Morde (zu zweimal lebenslänglich Zuchthaus) verurteilt worden war und der, wie Höss sagte, »wirkliche Macht im Lager ausübte«, obgleich er seiner eigenen Aussage zufolge nichts anderes getan hatte als »einen Kinderspielplatz ... mit Sand für die Kleinen zum Spielen« einzurichten. Hofmann ruft: »Aber wo sind die Herren, die da oben standen. Die waren die Schuldigen, die am Schreibtisch saßen und telefonierten«. Und er erwähnt Namen – nicht Hitler, Himmler, Heydrich oder Eichmann, sondern die höheren Tiere in Auschwitz wie Höss, Schwarz und Aumeier, der sein Vorgesetzter war. Die Antwort auf seine Frage fällt leicht: Sie sind alle tot, und dies bedeutet für einen Menschen seiner Geisteshaltung, daß sie den »kleinen Mann« im Stich gelassen haben, daß sie sich wie Feiglinge ihrer Verantwortung für ihn entzogen haben, indem sie sich hängen ließen oder Selbstmord begingen.

Diese Frage ist jedoch nicht so einfach zu klären, insbesondere nicht in Frankfurt, wo das Gericht ehemalige Abteilungsleiter des *Reichssicherheitshauptamtes* als Zeugen geladen hatte, Mitarbeiter einer Behörde, die unter anderem für die Organisierung der in Auschwitz durchgeführten »Endlösung der Judenfrage« zuständig war. Wenn man die militärischen Vergleichsränge dieser ehemaligen SS-Leute heranzieht, dann rangierten diese Herren weit über den Angeklagten; sie besaßen eher den Rang eines Obersten und Generals als den eines Hauptmanns, Leutnants oder Unteroffiziers. Bernd Naumann, der klugerweise sich fast völlig jeder Analyse und jeden Kommentars enthält und den Leser damit umso direkter mit den Originaldialogen des großen Verhandlungsdramas konfrontiert, hielt das Thema des kleinen Mannes doch für wichtig genug, um eine seiner seltenen Anmerkungen hinzuzufügen. Angesichts dieser Aussagen fand er, daß die Angeklagten »genug Anlaß haben, darüber nachzudenken, wie glatt doch manchen der 'hohen Herren', denen sie willfährig, aber auch unter erpresserischem Zwang dienten, wie ohne alle Seelenskrupel solchen Männern die Rückkehr aus der fernen Welt des braunen germanischen Heldenlebens in die heutigen Niederungen biederer Bürgerlichkeit gelang« und wie »der Herrenmensch von damals, für das niedere Auschwitz-Personal einst im SS-Olymp residierend, gemessen und erhobenen Hauptes den Saal verläßt«. Und was soll eigentlich ein Angeklagter – oder in diesem Zusammenhang irgendjemand – davon denken, wenn er in der *Süddeutschen Zeitung*, einer der besten deutschen Tageszeitungen, liest, daß ein ehemaliger Ankläger an einem der »Sondergerichte« der Nazis, ein Mann, der 1941 einen jener Zeitung zufolge offen »totalitären und antisemitischen« Gesetzeskommentar verfaßt hatte, heute »seinen Lebensunterhalt als Richter am Bundesverfassungsgericht in Karlsruhe verdient«?[2]

Und wenn jemand glauben sollte, daß diese »Herrenmenschen« Manns genug gewesen wären, einen Gesinnungswandel vorzunehmen, während die »kleinen Leute« eben auch kleine Geister und zu einer so heroischen Umstülpung ihres Innenlebens nicht fähig gewesen wären, der sollte dies Buch lesen, dann weiß er es besser. Sicherlich gab es einige – zum Beispiel Erwin Schulz, den ehemaligen Leiter eines *Einsatzkommandos*, der ehrlich und mit einem Anflug des Bedauerns bezeugte, daß er damals »nicht das Gefühl (hatte), daß es sich um ein ausgesprochenes Unrecht handelte«, wenn Frauen und Kinder erschossen wurden, »damit dem deutschen Volk keine Rächer entstünden«, und der sich erfolgreich um seine Entbindung von solchen Aufgaben bemüht hatte, nachdem er in Berlin eine Abänderung des Befehls zu erreichen versucht hatte. Sehr viel typischer hingegen ist der Rechtsanwalt Emil Finnberg (ein ehemaliger Gerichtsoffizier hinter der Ostfront), der Himmler immer noch zustimmend zitiert und nicht ganz ohne Stolz verkündet: »Führerbefehle waren für mich Gesetz«. Ein weiteres Beispiel ist der ehemalige Professor und Leiter der Anatomie an der Universität Münster (ihm wurden die akademischen Titel aberkannt), der ohne ein

2. Vgl. *The Economist*, London, 23. Juli 1966.

einziges Wort des Bedauerns aussagte, wie er die Opfer für den Angeklagten Klehr selektierte, der sie dann mit Phenoleinspritzungen ins Herz tötete. Er fand es »menschlich verständlich«, daß die Mörder Sonderrationen an Schnaps und Zigaretten benötigten, und zweifellos hätte er mit seinem ehemaligen »Assistenten« übereingestimmt, der zugab, Häftlinge »abgespritzt« zu haben und dies im selben Atemzug rechtfertigte: »Auf deutsch gesagt waren es ja keine Kranken mehr, sondern schon halbe Tote«! (Selbst diese schreckliche Bemerkung stellte sich als Untertreibung, ja eigentlich als Lüge heraus, denn zahlreiche völlig gesunde Kinder wurden auf diese Weise getötet). Schließlich (doch der Leser kann leicht mehr Beispiele in diesem Buch finden) gibt es noch den Verteidiger von Wilhelm Boger, der sich in seinem Schlußplädoyer, »darüber wundert, daß 'ernsthafte Menschen *(sic!)* über die Boger-Schaukel schreiben', die er ... für das 'einzig wirksame Mittel der körperlichen Einwirkung, das einzige, worauf Menschen reagieren' (hält)«.

So also sieht der Standpunkt der Angeklagten und ihrer Verteidiger aus. Nachdem ihr anfänglicher Versuch, »aus Auschwitz eine Idylle zu machen ... soweit es das Personal und dessen Verhalten betrifft« fehlgeschlagen war und ein Zeuge nach dem anderen, ein Dokument nach dem anderen den Beweis erbrachte, daß sie nicht im Lager gewesen sein konnten, ohne etwas zu tun, ohne etwas zu bemerken, ohne zu wissen, was da vor sich ging (Höcker, der Adjutant des Lagerkommandanten Baer hatte »von den Gaskammern überhaupt nichts gewußt«, bis er viel später gerüchteweise davon hörte), erklären sie dem Gericht, weshalb sie »hier sitzen«: Erstens, weil »die Zeugen nur aus Rache (aussagen)« («Warum können die Juden nicht so anständig sein und die Wahrheit sagen?

Aber offensichtlich wollen sie das nicht«); zweitens, weil sie als »Soldaten« Befehle ausgeführt und »nicht nach Recht und Unrecht gefragt« hätten; und drittens, weil man die kleinen Leute als Sündenböcke für die hohen Tiere bräuchte (weshalb sie »heute so verbittert« sind).

Alle Nachkriegsprozesse gegen Naziverbrecher, angefangen vom Nürnberger Prozeß gegen die Hauptkriegsverbrecher über den Eichmann-Prozeß in Jerusalem bis zum Frankfurter Auschwitzprozeß taten sich juristisch und moralisch sehr schwer bei der Festsetzung der Verantwortung und bei der Bestimmung des Schuldumfangs. Die öffentliche Meinung wie die Ansicht von Juristen tendierten von Anfang an dazu, die Schreibtischtäter – deren wichtigste Werkzeuge Schreibmaschinen, Telefone und Fernschreiber waren – für schuldiger zu halten als jene, die tatsächlich die Vernichtungsmaschinerie bedienten, die Gaskügelchen in die Kammern geworfen, die Maschinengewehre bei den Massakern an Zivilisten abgefeuert haben oder mit der Verbrennung der Leichenberge beschäftigt waren. Beim Prozeß gegen Adolf Eichmann, den Schreibtischtäter *par excellence*, erklärte das Gericht, daß der »Grad der Verantwortung in dem Maße zunimmt, wie man sich von der Person entfernt, welche die tödliche Waffe eigenhändig benutzt«. Wenn man das Verfahren in Jerusalem verfolgt hat, dann ist man mehr als geneigt, dieser Ansicht zuzustimmen. Der Frankfurter Prozeß, der sich in vieler Hinsicht wie eine Ergänzung zum Prozeß in Jerusalem liest, wird bei vielen Zweifel an Dingen hervorrufen, die sie für beinahe selbstverständlich gehalten hatten. Was diese Prozesse enthüllt haben, das ist nicht nur die komplizierte Frage der persönlichen Verantwortung, sondern die offen zutage liegende kriminelle Schuld; und die Gesichter derjenigen, die ihr Bestes, oder eher das Schlimmste taten, um verbrecherischen Befehlen zu gehorchen, unterscheiden sich immer noch von jenen, die in einem gesetzlich abgesicherten Verbrechersystem weniger gehorchten als mit ihren dem Tod geweihten Opfern nach eigenem Belieben verfuhren. Die Angeklagten räumten dies gelegentlich auf ihre primitive Art ein – »Aber die da oben (haben) es leicht gehabt, Befehle herauszugeben, daß keine Häftlinge geschlagen werden dürften« –, doch die Verteidiger eines Mannes behandelten den Fall als hätten sie es auch hier mit Schreibtischtätern oder mit »Soldaten« zu tun, die ihren Vorgesetzten gehorcht hatten. Darin bestand die große Lüge bei ihrer Darlegung der Fälle. Die Anklage der Staatsanwaltschaft lautete auf »Mord und Beihilfe zum Mord in *Einzelfällen*« in Verbindung mit »Massenmord und Beihilfe zum Massenmord« – das war eine Anklage wegen zweier völlig verschiedener Verbrechen.

III.

Wieviel Schaden die Gerechtigkeit unvermeidlich nahm, weil die Trennungslinie zwischen diesen beiden unterschiedlichen Verbrechen verwischt wurde, begreift man erst am Ende dieses Buchs, wenn Richter Hofmeyer am 182. Verhandlungstag die Urteile verkündet und die Urteilsbegründung verliest. Das Gericht, so hieß es darin, sei nicht mit der Institution Auschwitz befaßt gewesen, sondern nur mit der »Strafsache gegen Mulka und andere«, mit der Schuld oder Unschuld der Angeklagten. »Allein die Erforschung der Wahrheit (hat) im Mittelpunkt dieses Verfahrens gestanden«, hieß es in der Urteilsbegründung, doch da die Erwägungen des Gerichts ihre Grenze an den im deutschen Strafgesetzbuch von 1871 festgelegten Begriffen für kriminelle Schuld hatten, war es, wie Bernd Naumann sagt, fast selbstverständlich, daß die »Wahrheit ... Richtern und Geschworenen verschlossen (blieb), jedenfalls die ganze Wahrheit«. Denn in dem nahezu hundert Jahre alten Strafgesetzbuch gab es keinen Artikel, der den organisierten, vom Staat angeordneten Mord abdeckte, keinen Paragraphen, der sich auf die Vernichtung ganzer Völker als Teil demographischer Politik bezog, keinen Artikel, der auf den »Regimetäter« zutraf oder auf die Alltagsverhältnisse unter einer kriminellen Regierung, einem *Verbrecherstaat*, wie Karl Jaspers es genannt hat – ganz abgesehen von den Umständen in einem Vernichtungslager, wo jeder Ankömmling dem Tod geweiht war, indem er entweder sofort vergast oder ein paar Monate später durch Arbeit umgebracht wurde. Im Broad-Bericht heißt es: »Höchstens 10-15 Prozent eines jeden Transportes blieben durchschnittlich als Arbeitsfähige am Leben«, und die Lebenserwartung dieser selektierten Männer und Frauen betrug ungefähr drei Monate. Was man sich rückblickend nur äußerst schwer vorstellen kann, ist diese ständig gegenwärtige Atmosphäre des gewaltsamen Todes; nicht einmal auf dem Schlachtfeld ist der Tod so gewiß und das Leben so von einem Wunder abhängig. (Und selbst die unteren Ränge der Wachmannschaften waren nie frei von Furcht; sie hielten es, wie Broad sagte, durchaus für möglich, daß sie, »um das Geheimnis zu wahren ... wohl als letzte in die Gaskammern marschieren ... Es ist bezeichnend, daß jeder es als eine Selbstverständlichkeit ansah, daß Himmler die zu einem solchen

Schritt notwendige Charakterlosigkeit und Brutalität aufbrachte«. Broad vergaß allerdings zu erwähnen, daß sie diese Gefahr immer noch für weniger bedrohlich als die Situation an der Ostfront hielten, denn es besteht kaum ein Zweifel daran, daß sich viele von ihnen freiwillig vom Lager zum Fronteinsatz hätten versetzen lassen können.)

Woran das alte Strafgesetzbuch also völlig vorbeiging, war nichts geringeres als die Alltagswirklichkeit von Nazi-Deutschland im allgemeinen und von Auschwitz im besonderen. Insofern die Anklage auf Massenmord lautete, stimmte die Annahme des Gerichts, daß es sich »um einen normalen Strafprozeß (handelt), mag er auch einen Hintergrund haben, wie er wolle«, einfach nicht mit den Tatsachen überein. Verglichen mit normalen Verfahren, konnte hier nur alles auf den Kopf gestellt werden: So konnte beispielsweise ein Mann, der den Tod von tausenden verursacht hatte, weil seine Arbeit darin bestand, die Gaskügelchen in die Kammern zu werfen, eines geringeren Verbrechens schuldig sein als ein anderer, der »nur« hunderte getötet, dies aber aus eigenem Antrieb und mit niedrigen Beweggründen getan hatte. Der Hintergrund war der Verwaltungsmassenmord, der in einem gigantischen Ausmaß mit den Mitteln der Massenproduktion durchgeführt wurde – nämlich als Massenherstellung von Leichen. »Massenmord und Beihilfe zum Massenmord« war eine Anklage, die gegen jeden einzelnen SS-Mann, der irgendwann in einem der Vernichtungslager Dienst getan hatte, erhoben werden könnte und sollte, und genau so gegen viele andere, die niemals ein Lager betreten hatten. Von diesem Standpunkt aus, der von der Anklage geteilt wurde, hatte der Zeuge Dr. Heinrich Dürrmayer, ein Anwalt und Hofrat aus Wien, ganz recht, als er auf die Notwendigkeit einer Umkehr des normalen Gerichtsverfahrens hinwies – nämlich daß die Angeklagten unter diesen Umständen solange als schuldig gelten sollten, bis sie das Gegenteil bewiesen: *»Ich war der festen Überzeugung, diese Menschen müßten ihre Unschuld nachweisen«.* Ebenso konnten Personen, die »nur« bei den Routinearbeiten der Vernichtung teilgenommen hatten, unmöglich den »wenigen unerträglichen Fällen« zugerechnet werden. Im Milieu von Auschwitz gab es tatsächlich »keinen, der dort nicht schuldig war«, wie der Zeuge aussagte; und dies hieß für den Zweck des Verfahrens ganz eindeutig, daß »unerträgliche« Schuld mit ziemlich ungewöhnlichen und in keinem Strafgesetzbuch vorhandenen Maßstäben gemessen werden mußte.

Gegen alle derartigen Argumente kam vom Gericht folgender Einwand: »(Dem) Kernbereich des Rechts war auch der Nationalsozialismus unterworfen«. Man könnte meinen, das Gericht wollte uns daran erinnern, daß die Nazis nie irgendwelche Anstalten unternahmen, das Strafgesetzbuch umzuschreiben, wie sie es auch unterließen, die Weimarer Verfassung abzuschaffen. Doch dies war nur eine scheinbare Nachlässigkeit; denn der totalitäre Herrscher begreift rasch, daß alle Gesetze, einschließlich derer, die er selbst erläßt, seiner ansonsten schrankenlosen Macht, gewisse Grenzen setzen würden. Deshalb war in Deutschland der *Wille* des Führers *Quelle* des Rechts und der Befehl des Führers gültiges Gesetz. Was konnte schrankenloser sein als der Wille eines Menschen und willkürlicher als ein Befehl, der nur durch ein »Ich will« gerechtfertigt war? In Frankfurt jedenfalls liefen die unrealistischen Annahmen des Gerichts auf das unerquickliche Ergebnis hinaus, daß das Hauptargument der Verteidigung – »Ein Staat könne unmöglich bestrafen, was er in einer anderen Geschichtsphase befohlen habe« – beträchtlich an Plausibilität gewann, insbesondere als auch das Gericht der diesem Argument zugrunde liegenden These einer »Kontinuität in der Identität« des deutschen Staates vom Bismarck-Reich bis zur Bonner Regierung zustimmte.

Wenn es allerdings diese Kontinuität der staatlichen Institutionen wirklich gibt – und tatsächlich trifft dies ja auf den Hauptteil der Beamtenschaft zu, welcher von den Nazis »gleichgeschaltet« werden konnte und welchen Adenauer ohne viel Federlesens erneut wieder einsetzte –, wie verhält es sich dann mit den Justizbehörden? Wie Dr. Laternser, der bei weitem intelligenteste Anwalt der Verteidigung, ausführte: Wäre es nicht die Pflicht der Staatsanwaltschaft gewesen, »gegen flagrante Rechtsbrüche, wie gegen die Zerstörung jüdischer Geschäfte und Wohnungen im November 1938, die Tötung der Geisteskranken (1939 und 1940 – H.A.) und schließlich die Ermordung der Juden (einzuschreiten)? Sie wußte doch damals schon – oder nicht? –, daß es sich dabei um Verbrechen handelte! Welcher Richter oder Staatsanwalt hat damals protestiert oder gar seinen Dienst verlassen?« Diese Fragen blieben unbeantwortet, was darauf hinweist, wie prekär die rechtlichen Grundlagen des Verfahrens waren. In krassem Gegensatz zu den juristischen Annahmen und Theorien hat jeder einzelne Nachkriegsprozeß gegen Nazis das totale Zusammenwirken – und von daher, so müßte man hoffen, doch das Nichtvorhandensein einer »kontinuierlichen Identität« – aller Staatsorgane bei den Verbrechen des Naziregimes bewiesen, die Mitwirkung des gesamten öffentlichen Dienstes und aller in der Öffentlichkeit bekannten hochrangigen Personen aus der Welt der Wirtschaft. Dr. Laternser klagte auch die Alliierten an, »daß sie die Chance, nach dem Krieg einen endgültigen Maßstab für das Recht der Zukunft zu setzen, vertan und damit der Verwilderung der Rechtsverhältnisse Vorschub geleistet hätten«. Niemand, der mit dem Nürnberger Prozeß vertraut ist, wird dies bestreiten. Aber warum erhebt Dr. Laternser dieselbe Anklage nicht gegen die Bundesrepublik, die doch offenkundig ein sehr viel unmittelbareres Interesse daran hätte, die Sachlage zu korrigieren? Liegt es nicht auf der Hand, daß das ganze Gerede über »Vergangenheitsbewältigung« nur hohle Rhetorik bleibt, solange die Regierung nicht vollständig anerkennt, daß ihre Vorgängerin in jeder Hinsicht verbrecherisch war. Stattdessen, so stellte sich in Frankfurt heraus, war eine Entscheidung über die Rechtswidrigkeit des infamen Kommissar-Befehls – auf dessen Grundlage unzählige russische Gefangene bei der Ankunft in Auschwitz umgebracht wurden – »vom Bundesgerichtshof noch nicht ergangen«, obwohl dasselbe Gericht die Rechtswidrigkeit der Judenvernichtung »unter Berufung auf das Naturrecht« festgestellt hat, eine Lösung, die, unabhängig von den hier angestellten Überlegungen, auch nicht befriedigend ist. (Das Problem des Kommissar-Befehls scheint darin zu bestehen, daß er nicht eindeutig genug auf Hitler zurückzuführen ist, sondern direkt vom *Oberkommando der Wehrmacht* erging; die Häftlinge »brachten eine Karteikarte mit, die den Vermerk trug 'Gemäß OKW-Befehl...'«. Wurde deshalb der Angeklagte Breitwieser vom Gericht mit der Begründung freigesprochen, der Zeuge Petzold habe nicht die Wahrheit gesagt? Dabei wurde nicht erwähnt, daß ein anderer Zeuge, Eugenius Motz, Breitwieser beschuldigt hatte, Zyklon B bei den ersten Vergasungsversuchen an sowjetischen Offizieren und Kommissaren ausprobiert zu haben.) Für die Verteidigung stellt die

Entscheidung des höchsten deutschen Gerichts jedenfalls nichts anderes als »*gegenwärtige* Rechtsauffassung« dar, und es besteht kaum ein Zweifel daran, daß sich diese Anwälte damit in Übereinstimmung befinden mit »der Mehrheit des deutschen Volkes« – und vielleicht auch mit ihren Kollegen in der Juristenschaft.

Vom Verfahrensverlauf her gesehen war es die Anklage wegen »Massenmordes und Beihilfe zum Massenmord«, welche den problematischen »Hintergrund« ungelöster Rechtsfragen und das Fehlen »gültiger Maßstäbe« bei der Aburteilung ins Blickfeld rücken lassen mußte und somit verhinderte, daß das Verfahren, wie Generalstaatsanwalt Bauer gehofft hatte, ein »ganz einfacher Fall« wurde. Denn was die Persönlichkeit der Angeklagten und ihre Taten betraf, handelte es sich in der Tat um einen »ganz einfachen Fall«, denn nahezu alle Grausamkeiten, derer sie durch die Zeugen beschuldigt wurden, waren nicht durch Befehle von oben, d.h. durch Befehle der Schreibtischmörder gedeckt oder durch Befehle des eigentlichen Initiators der »Endlösung« oder anderer, die sie eingeleitet haben. Keine hochrangige Person hat sich je mit Anweisungen für solche »Einzelheiten« wie die »Hasenjagd«, die »Boger-Schaukel«, die Bunker, die »Stehzellen«, die »Schwarze Wand« oder das »Mützenschießen« abgegeben. Niemand hatte den Befehl erlassen, daß Kinder als Zielscheiben in die Luft geworfen oder lebendig ins Feuer geschmissen oder mit dem Kopf gegen Wand geschleudert werden sollten; es hatte keinen Befehl gegeben, demzufolge Menschen zu Tode getrampelt oder zum Gegenstand mörderischen »Sports« werden sollten, wozu die Tötung mit einem einzigen Handkantenschlag gehörte. Niemand hatte sie angewiesen, die Selektionen auf der

Rampe »wie in einem gemütlichen Familienbetrieb« durchzuführen und sich danach damit zu brüsten, »was sie diesem abgenommen hätten und was jenem«. – »Wie eine Jagdgesellschaft, die von der Jagd zurückkommt und sich Details erzählt«. Sie waren nicht nach Auschwitz geschickt worden, um reich zu werden oder dort ihren »Spaß« zu haben. So wurde die bei allen Verfahren gegen Nazi-Verbrechen getroffene zweifelhafte juristische Entscheidung, daß es sich dabei um »normale Strafprozesse« gehandelt habe und daß die Angeklagten sich nicht von anderen Kriminellen unterschieden auf einmal wahr – und vielleicht wahrer als irgendjemand gern wissen wollte. Zahllose Einzelverbrechen, von denen eines schrecklicher war als das andere, schufen und umgaben die Atmosphäre, in der das gigantische Verbrechen der Vernichtung stattfand. Und genau diese »Umstände« – wenn das, was in keiner Sprache ausgedrückt werden kann, so heißen soll –, sowie die »kleinen Leute«, die dafür verantwortlich und daran schuld sind, wurden im Auschwitz-Prozeß voll ausgeleuchtet, nicht das Staatsverbrechen und nicht die Herren in »gehobenen« Positionen. Im Unterschied zum Prozeß in Jerusalem, wo Eichmann aufgrund von unwiderlegbaren dokumentarischen Beweisen und eigener Eingeständnisse verurteilt werden konnte, kam es hier auf die Aussage jedes einzelnen Zeugen an, da diese Männer – und nicht die Schreibtischtäter – die einzigen waren, mit denen die Opfer konfrontiert waren und die sie kannten, die einzigen, die für sie zählten.

Selbst das ansonsten ziemlich haltlose Argument der »Kontinuität in der Identität« des deutschen Staates konnte man, wenn auch mit einigem Vorbehalt, bei diesen Fällen ins Feld führen. Denn es stimmte, daß die Angeklagten, wie das Gericht im Falle des Funktionshäftlings Bednarek ausführte, nicht nur »die Menschen auf Befehl getötet, sondern im *Gegensatz zu dem Befehl gehandelt (haben)*, wonach im Lager kein Häftling umgebracht werden sollte« – die Vergasung natürlich ausgenommen; Tatsache war, daß die meisten dieser Fälle selbst von einem Nazi- oder einem SS-Gericht hätten verfolgt werden können, auch wenn dies nicht oft vorkam. So war etwa der ehemalige Leiter der Politischen Abteilung in Auschwitz, ein gewisser Grabner, 1944 vor einem SS-Gericht angeklagt worden, »willkürlich 2000 Häftlinge zur Exekution aussortiert zu haben«, und zwei ehemalige SS-Richter, Konrad Morgen und Gerhard Wiebeck, die beide heute als Anwälte praktizieren, sagten als Zeugen aus, die SS habe »Korruptionsdelikte und außerhalb der Generallinie liegende Handlungen der SS, zum Beispiel eigenmächtige Tötungen« untersucht, was dann zu Mordanklagen vor SS-Gerichten geführt habe. Staatsanwalt Vogel machte darauf aufmerksam, »daß Himmler auch angeordnet habe, ohne seinen ausdrücklichen Befehl seien Häftlinge weder zu schlagen noch zu liquidieren«, was ihn jedoch nicht davon abhielt, »einige Male die Lager zu besuchen und dem Vollzug der Prügelstrafe an Frauen beizuwohnen«.

Daß ein definitiver Maßstab zur Beurteilung der in diesen außergewöhnlichen und schrecklichen Verhältnissen verübten Verbrechen fehlt, wird auf schmerzliche Weise deutlich am Urteil, welches das Gericht gegen Dr. Franz Lucas fällte. Drei Jahre und drei Monate Zuchthaus – die Mindeststrafe – für einen Mann, der immer »von seinen Kameraden gemieden wurde« und nun ganz offen von den Angeklagten angegriffen wird, die ansonsten ganz geflissentlich wechselseitige Anschuldigungen vermeiden (nur einmal widersprechen sie sich, und vor Gericht ziehen sie die beschuldigenden Aussagen aus ihrer Voruntersuchung zurück): »Wenn er hier sagt, daß er Leuten geholfen hat, das war vielleicht 1945, da hat er sich eine Rückfahrkarte besorgt«. Der springende Punkt ist, daß dies doppelt falsch ist: Dr. Lucas hatte vom Anfang bis zum Ende Menschen geholfen; und er spielte sich nicht nur nicht als »Retter« auf – ganz im Gegensatz zu den meisten anderen Angeklagten –, sondern weigerte sich auch beständig, die Zeugen zu erkennen, die zu seinen Gunsten aussagten, und sich an die von ihnen berichteten Vorfälle zu erinnern. Mit seinen Kollegen aus den Reihen der Häftlinge, die er mit ihrem richtigen Titel ansprach, hatte er über die sanitären Verhältnisse diskutiert; er hatte sogar aus der SS-Apotheke gestohlen, für »die Häftlinge ... von seinem eigenen Geld Lebensmittel gekauft« und seine Rationen mit ihnen geteilt; »er war der einzige Arzt, der uns als Menschen behandelt hat«; »er hat uns nicht als unwürdige Menschen betrachtet«; er gab den Ärzten unter den Häftlingen den Rat »einige Kameradinnen vor der Gaskammer zu retten«. Und als Resümee: »Wir waren ganz verzweifelt, als Dr. Lucas weg war. Als Dr. Lucas bei uns war, da waren wir so fröhlich. Wirklich, wir haben wieder das Lachen gelernt«. Und Dr. Lucas sagt: »Ich habe den Namen der Zeugin bisher nicht gekannt«. Ganz bestimmt könnte keiner der Freigesprochenen, keiner der Verteidiger und keiner der »hohen Herren«, die ungeschoren davonkamen und hier als Zeugen aussagten, Dr. Lucas das Wasser reichen. Doch das Gericht, das an seine gesetzlichen Voraussetzungen gebunden war, konnte nicht anders, als die Mindeststrafe über diesen Mann zu verhängen, obwohl der Richter genau wußte, daß Dr. Lucas, wie es ein Zeuge formulierte, »dort überhaupt nicht hingehörte. Er war zu gut«. Selbst die Staatsanwaltschaft will ihn nicht »mit den anderen in einen Topf werfen«. Es stimmt, daß Dr. Lucas auf der Rampe war und die Arbeitsfähigen selektiert hat, aber man hatte ihn dorthin beordert, weil er im Verdacht der »Häftlingsbegünstigung« stand und weil man ihm gesagt hatte, er würde »auf der Stelle verhaftet«, wenn er sich weigerte, dem Befehl zu gehorchen. Von daher lautete die Anklage auf »Massenmord oder Beihilfe zum Massenmord«. Als Dr. Lucas zum ersten Mal mit seinen Lageraufgaben konfrontiert gewesen war, hatte er um Rat nachgesucht: Sein Bischof sagte ihm, »unmoralische Befehle dürften nicht befolgt werden, doch gehe dies nicht so weit, daß man sein eigenes Leben gefährden müßte«; ein hoher Jurist rechtfertigte die Schrecklichkeiten mit dem Krieg. Keiner dieser beiden Ratschläge war sehr hilfreich. Aber wir wollen einmal annehmen, er hätte die Häftlinge gefragt, was er tun sollte. Hätten diese ihn nicht gebeten zu bleiben und den Preis der Teilnahme an den Selektionen auf der Rampe zu zahlen – sie waren ein alltägliches Ereignis, sozusagen ein Routineschrecken –, um sie vor dem schwachsinnigen, teuflischen Einfallsreichtum all der anderen zu schützen?

IV.

Wenn man den Prozeßverlauf nachliest, muß man immer im Auge behalten, daß Auschwitz für einen *Verwaltungs*-Massenmord errichtet worden ist, der dort nach den strengsten Vorschriften und Anweisungen durchgeführt wurde. Diese Vorschriften und Anweisungen wurden von den Schreibtischtätern festgelegt und schienen – so waren sie wahrscheinlich gedacht – Einzelinitiativen jeder Art, ob zum Guten oder zum Schlechten, auszuschließen. Der Vernichtungsprozeß von Millionen sollte planmäßig wie eine Maschine funktionieren: die Ankunft der Häftlinge aus ganz Europa; die Selektionen auf der Rampe, und anschließend die Selektion der arbeitsfähigen Ankömmlinge; die Einteilung in Häftlingskategorien (alle Alten, Kinder und Mütter mit Kindern wurden sofort vergast); die Menschenexperimente; das System der »Funktionshäftlinge«, der Kapos, die Häftlingskommandos, die die Vernichtungseinrichtungen bedienten und privilegierte Positionen einnahmen. Alles schien vorausgesehen und deshalb vorhersagbar – Tag für Tag, Monat für Monat, Jahr für Jahr. Was allerdings bei den bürokratischen Berechnungen herauskam war das genaue Gegenteil von Vorhersagbarkeit. Es war die totale Willkür. Dr. Wolken, ein ehemaliger Häftling, heute Arzt in Wien und einer der ersten sowie einer der besten Zeugen, brachte diesen Sachverhalt folgendermaßen zum Ausdruck: »... *die Atmosphäre im Lager ... änderte sich beinahe von Tag zu Tag.* Sie war abhängig vom Lagerführer, vom Rapportführer, vom Blockführer und deren Launen« – vor allem, so zeigte es sich, von deren Launen. »Es gab Dinge, die waren heute möglich und zwei Tage danach waren sie wieder unmöglich ... Ein Arbeitskommando, und zwar ein und dasselbe, war einmal ein Todeskommando ... oder eine ganz gemütliche Angelegenheit.« So war der Sanitätsoffizier eines Tages gut aufgelegt und hatte die Idee, einen Schonungsblock für kranke Häftlinge einzurichten; zwei Monate später wurden alle zusammengetrieben und ins Gas geschickt. Was die Schreibtischtäter übersehen haben, war – *horribile dictu* – der menschliche Faktor. Und was dies so schrecklich macht ist eben die Tatsache, daß diese Scheusale keineswegs Sadisten in einem klinischen Sinn waren, was zu Genüge durch ihr Verhalten unter normalen Umständen bewiesen wird; bei der Auswahl für ihren gräßlichen Dienst in Auschwitz spielte derlei überhaupt keine Rolle. Daß sie nach Auschwitz oder ähnlichen Lagern kamen lag einfach daran, daß sie aus irgendeinem Grund nicht militärtauglich waren.

Bei einer ersten und sorglosen Lektüre dieses Buches kommt man leicht in Versuchung, sich pauschal über die böse Natur des Menschengeschlechts im allgemeinen, über die Erbsünde, über die angeborene »Aggressivität« des Menschen usw. – oder über den deutschen »Nationalcharakter« im besonderen auszulassen. Man läuft leicht Gefahr, die allerdings nicht sehr zahlreichen Beispiele zu übersehen, in denen Zeugen dem Gericht schilderten, daß »gelegentlich 'ein Mensch' ins Lager gekommen (sei)« und es nach einem ersten Eindruck schleunigst wieder verlassen habe: »Nein, das ist kein Geschäft für meiner Mutter Kind«. Im Gegensatz zu der Ansicht, die im allgemeinen in der Zeit vor diesen Prozessen vertreten wurde, war es für SS-Angehörige ziemlich einfach, sich unter irgendeinem Vorwand wieder davonzumachen, vorausgesetzt, man hatte nicht das Pech, in die Finger einer Person wie Dr. Emil Finnberg zu geraten, der es selbst noch heute für vollkommen in Ordnung hält, für das »Verbrechen«, daß jemand unfähig war, Frauen und Kinder zu erschießen, Strafen »zwischen Gefängnis und Todesstrafe liegend« verlangt zu haben. Es war weit weniger gefährlich, sich auf »schwache Nerven« zu berufen als im Lager zu bleiben, den Häftlingen zu helfen und das Risiko des ungleich schwereren Vorwurfs der »Häftlingsbegünstigung« einzugehen. Von daher repräsentierten jene, die jahrelang dort blieben und nicht zu den wenigen Auserwählten zählten, die im Prozeß zu Helden wurden, eine Art Selbstauswahl der schlimmsten Elemente der Bevölkerung. Wir kennen den Prozentsatz dabei nicht und werden ihn wahrscheinlich nie erfahren, doch wenn wir im Auge behalten, daß diese unverhohlenen sadistischen Akte von vollkommen normalen Menschen begangen wurden, die in ihrem Alltag mit dem Gesetz wegen derartiger Punkte nie in Konflikt geraten sind, dann fangen wir an, uns Gedanken über die Traumwelt einer ganzen Menge durchschnittlicher Bürger zu machen, denen wahrscheinlich nicht viel mehr als eine passende Gelegenheit fehlt.

Jedenfalls eins steht fest, und dieses hatte man schon gar nicht mehr zu glauben gewagt, – nämlich, »daß jeder durchaus für sich selbst entscheiden konnte, ob er in Auschwitz gut oder böse war«. (Ist es nicht grotesk, daß deutsche Gerichte heute nicht in der Lage sein sollen, den Guten wie den Bösen Gerechtigkeit widerfahren zu lassen?) Und diese Entscheidung hing überhaupt nicht davon ab, ob man ein Jude, ein Pole oder ein Deutscher war; sie hing nicht einmal von der Zugehörigkeit zur SS ab. Denn inmitten dieses Schrekkens gab es einen Oberscharführer Flacke, der eine »Insel des Friedens« errichtet hatte und nicht glauben wollte als ein Häftling ihm sagte, daß man am Ende »uns doch alle umbringen (wird). Man läßt doch keine Zeugen überleben«. »Ich hoffe«, antwortete er, »es werden genügend unter uns sein, die das verhindern werden«.

Trotz der nachweisbaren Normalität der Angeklagten war in Auschwitz Sadismus die treibende menschliche Kraft – und Sadismus ist im wesentlichen sexuell bestimmt. Daß die Angeklagten erinnerungsseelig lächeln, daß sie mit Wohlgefallen der Wiedergabe ihrer

Taten lauschen, was gelegentlich nicht nur die Zeugen, sondern auch die Geschworenen zum Weinen bringt und ihnen den Atem verschlägt; daß sie sich auf unglaubliche Art vor den Zeugen verbeugen, die gegen sie aussagen und die doch einst ihre hilflosen Opfer gewesen waren; daß sie sich offen darüber freuen, erkannt (wenn auch beschuldigt) und also erinnert zu werden, und daß sie eigentlich durchweg guter Laune sind – dies alles spiegelt die süße Erinnerung an große sexuelle Vergnügen wider und ist andererseits Ausdruck ihrer unverhohlenen Schamlosigkeit. Hatte sich Boger nicht mit der Zeile aus dem mittelalterlichen Liebesgedicht »Du bist mein« (*»Du bist mein/Ich bin dein/des solt du gewiss sein«*) an ein Opfer herangemacht – eine gewissermaßen kultivierte Geste, zu welcher so ganz ungebildete Kerle wie Kaduk, Schlage, Baretzki und Bednarek kaum fähig gewesen wären? Doch im Gerichtssaal hier verhalten sie sich alle gleich. Aus den Beschreibungen der Zeugen geht hervor, daß dort eine Atmosphäre schwarzer Magie und gräßlicher Orgien geherrscht haben mußte, wenn das Ritual des »verschärften Verhörs« vollzogen wurde oder wenn sie die »weißen Handschuhe« überstreiften, um in den Bunker zu gehen, oder wenn sie dümmlich damit prahlten, sie seien der Leibhaftige, was eine Spezialität Bogers und des rumänischen Apothekers Capesius war. Letzterer – er wurde von einem rumänischen Gericht in Abwesenheit zum Tode und nun zu neun Jahren in Frankfurt verurteilt – ist der makaberste von allen. Mit der Beute aus Auschwitz ließ er sich in Deutschland nieder, machte ein Geschäft auf und hat nun einen »Freund« der eigennützigen Zeugenbeeinflussung beschuldigt. Sein Mißgeschick in Frankfurt hat seinem Geschäft nicht geschadet; sein Laden in Göppingen »floriert besser den je« wie Sybille Bedford im *Observer* berichtete.

Was den menschlichen Faktor in Auschwitz betrifft, so muß gleich hinter dem Sadismus die reine Launenhaftigkeit rangiert haben. Was ändert sich öfter und rascher als Stimmungen, und was bleibt von der Menschlichkeit einer Person übrig, die sich völlig von ihnen treiben läßt? Die SS-Leute waren von einem nie versiegenden Strom von Menschen umgeben, die in jedem Fall zum Tod verdammt waren, und konnten deshalb tun und lassen, was sie wollten. Bei ihnen handelte es sich, um noch einmal darauf hinzuweisen, nicht um die »Hauptkriegsverbrecher«, wie man die Angeklagten im Nürnberger Prozeß nannte. Sie waren die Parasiten der »großen« Verbrecher, und wenn man sie betrachtet, dann fragt man sich, ob sie nicht doch schlimmer waren als jene, denen sie ihr heutiges Mißgeschick anlasten. Die Nazis haben zwar durch ihre Lügen den Abschaum der Erde zur Elite des Volkes erhoben, doch diejenigen, die nach dem Nazi-Ideal der »Zähigkeit« lebten und immer noch stolz darauf sind (wirklich »scharfe Hunde«), sind tatsächlich butterweich. Es ist als ob ihre sprunghaften Launen damals ihre ganze Substanz verschlungen hätten – das feste Gerüst ihrer persönlichen Identität, die klare Wahl, entweder gut oder böse, sanft oder brutal, ein »idealistischer« Schwachkopf oder ein zynischer, sexuell perverser Mensch zu sein. Derselbe Mann, der zu recht eine der härtesten Strafen, nämlich lebenslänglich plus acht Jahre, erhielt, verteilte gelegentlich Würstchen an Kinder; Bednarek ging, wenn er seine Spezialität, Häftlinge zu Tode zu trampeln, absolviert hatte, in sein Zimmer zurück und betete, denn dafür war er nun in der richtigen Stimmung; derselbe Sanitätsoffizier, der Tausende dem Tod überantwortete, konnte auch eine Frau retten, die an seiner alten alma mater studiert hatte und ihn deshalb an seine Jugend erinnerte; Blumen und Schokolade wurden einer Wöchnerin gesandt, obgleich sie am nächsten Morgen vergast werden sollte. Der Angeklagte Hans Stark, damals ein ganz junger Mann, griff sich einmal zwei Juden heraus, befahl dem Kapo sie zu töten und ging dann dazu über, ihm zu zeigen, wie man so etwas macht; und als er dies demonstrierte, tötete er zwei weitere Juden. Doch bei einer anderen Gelegenheit zeigte er auf ein Dorf und meinte gedankenvoll zu einem Häftling: »Sehen Sie, wie schön das Dorf gebaut wurde. So viele Ziegelsteine sind darin. Wenn der Krieg vorbei ist, werden die *Ziegelsteine die Namen derer tragen, die getötet wurden. Vielleicht werden nicht genug Ziegelsteine vorhanden sein«.*

Es stimmt sicherlich, daß »es kaum einen SS-Mann (gibt), der nicht sagen könnte, er habe nicht einem das Leben gerettet«, wenn er in der richtigen Stimmung dafür war; und die meisten Überlebenden – ungefähr ein Prozent der selektierten Arbeitskräfte – verdanken ihr Leben diesen »Rettern«. Der Tod war der oberste Herrscher in Auschwitz, aber direkt an seiner Seite regierte eine unerhörte und in die wechselnden Launen der Todesdiener eingebettete absolute Willkür, die das Schicksal der Häftlinge bestimmte.

V.

Wäre der Richter so weise wie Salomon gewesen und hätte das Gericht über den »definitiven Maßstab« verfügt, welcher das beispiellose Verbrechen unseres Jahrhunderts in Kategorien einteilen und unter Paragraphen subsumieren und damit helfen könnte, wenigstens ein Stück menschenmöglicher Gerechtigkeit herbeizuführen, dann wäre es immer noch mehr als zweifelhaft, ob »die Wahrheit, die ganze Wahrheit«, wie Bernd Naumann gefordert hat, ans Licht gekommen wäre. Keine Verallgemeinerung – und was ist Wahrheit denn anderes – ist bisher in der Lage, die chaotische Flut sinnloser Greuel einzudämmen, in die man hinabtauchen muß, um zu verstehen, was passiert, wenn Menschen sagen, daß »alles möglich ist« und nicht bloß, daß alles erlaubt sei.

Anstelle der *ganzen* Wahrheit wird der Leser jedoch *Momente der Wahrheit* finden, und einzig vermittels dieser Augenblicke kann man dieses Chaos aus Grauen und Bosheit artikulieren. Diese Augenblicke tauchen unerwartet auf, wie Oasen in der Wüste. Es handelt sich dabei um Anekdoten, und diese erzählen in äußerster Kürze, worum es eigentlich ging.

Da gibt es einen Jungen, der weiß, daß er sterben wird, und der deshalb mit seinem Blut auf die Barackenwände schreibt: »Andreas Rapaport – lebte sechzehn Jahre«.

Es gibt einen Neunjährigen, der weiß, daß er »eine Menge« weiß, doch »nichts mehr lernen wird«.

Dann gibt es den Angeklagten Boger, der ein Kind trifft, das einen Apfel ißt, es an den Füßen packt, seinen Kopf an der Wand zerschmettert und dann ruhig den Apfel aufhebt, um ihn eine Stunde später zu verzehren.

Es gibt den kleinen Sohn eines SS-Mannes, der ins Lager kommt, um seinen Vater zu besuchen. Doch ein Kind ist ein Kind, und an diesem besonderen Ort gilt die Regel, daß alle Kinder sterben müssen. Deshalb muß dies Kind ein Schild um seinen Hals tragen, »damit sie es nicht schnappen und weg in die Gaskammer damit!«

Es gibt den Gefangenen, der die Selektierten festhält, die vom »Sanitätsdienstgrad« Klehr mit Phenoleinspritzungen getötet werden sollen. Die Tür öffnet sich und herein kommt der Vater des Häftlings. Als alles vorbei ist: »Dann weinte ich und mußte meinen Vater selbst hinaustragen«. Am darauffolgenden Tag fragt ihn Klehr, warum er geweint habe, und als Klehr den Grund erfährt, sagt er: »Ich hätte ihn leben lassen«. Warum er es denn nicht gesagt habe? Ob er etwa Angst vor ihm, Klehr, gehabt habe? Was für ein Fehler. Klehr war in so guter Stimmung.

Schließlich ist da die Zeugin, die aus Miami nach Frankfurt gekommen war, weil sie in der Zeitung den Namen von Dr. Lucas gelesen hatte: »Mich interessierte ... der Mann, der meine Mutter und Geschwister umgebracht hat!« Sie schildert, wie es geschah. Im Mai 1944 war sie von Ungarn angekommen. »Ich hatte ein Baby auf dem Arm. Es hieß, Mütter können bei ihren Kindern bleiben, deshalb gab mir meine Mutter damals das Baby und zog mich an, daß ich etwas älter aussah. (Ihre Mutter hielt ein drittes Kind an der Hand – H.A.) Als mich Dr. Lucas sah, merkte er wohl, daß es mir nicht gehört. Er nahm mir das Baby weg und warf es meiner Mutter zu.« Das Gericht weiß sofort die Wahrheit. »Ob Sie vielleicht den Mut hatten, die Zeugin zu retten?« Es entsteht eine Pause. Lucas streitet alles ab. Die Frau, die anscheinend die Regeln von Auschwitz immer noch nicht kennt – wo alle Mütter mit Kindern unmittelbar nach der Ankunft vergast wurden –, verläßt den Gerichtssaal, ohne zu begreifen, daß sie, die auf der Suche nach dem Mörder ihrer Familie war, dem Retter ihres eigenen Lebens gegenübergetreten war. So etwas geschieht, wenn Menschen beschließen, die Welt auf den Kopf zu stellen.

This Means You

Des Teufels Redekunst
(AUFBAU, 8.Mai 1942)

Hitler hat wieder einmal gesprochen und in aller Ausführlichkeit seine Meinung über die Rolle der Juden in diesem Krieg wie die Rolle *des* Juden in der Weltgeschichte dargelegt. Journalisten und Politiker haben wieder einmal in aller Ausführlichkeit diese Rede hin- und herinterpretiert, sie auf ihre offenbaren und geheimsten Absichten hin untersucht – ohne es für nötig zu halten, auch nur ein Sterbenswörtlein über die Juden fallen zu lassen. Kein Zweifel, daß dies hartnäckige »Versehen« oft in der besten Absicht geschieht. Kein Zweifel, daß es bereits die schlimmsten Folgen gehabt hat und immer weiter hat.

Denn während man in solch einer Rede das sucht, was in ihr nicht steht, und auch nicht stehen kann, nämlich die verborgenen Absichten der nächsten deutschen Offensive, erlaubt man der offen zutage liegenden Propaganda jener »Weltanschauung«, die alle Rätsel der Politik auf das einfachste »erklärt« und deren Wirksamkeit doch nun wahrhaftig genügend ausgeprobt sein dürfte, sich offen und uninterpretiert auszusprechen. Die Verschwörung des Schweigens über das Schicksal der Juden ist nicht für uns die bitterste

Kriegserfahrung; sie ist gleichzeitig – so sicher Propaganda in diesem Krieg eine effektive Waffe ist – eines der schwersten Handicaps der Alliierten.

Hitler hat ein Erklärungsschema von einer überwältigenden Simplizität: indem er die Unterscheidung zwischen Volk und Regierung, die für die Alliierten von so großer Wichtigkeit ist, aufnimmt, behauptet er, daß eigentlich nur zwei Völker wirklich in diesen Krieg auf Gedeih und Verderb verwickelt seien: das jüdische und das deutsche. Alle übrigen Völker seien von ihren Regierungen in diesen Krieg nur hineingehetzt worden. Die Deutschen wie die Juden sind die einzigen, die von ihren Regierungen vollgültig vertreten werden, mit ihnen identisch sind; nur daß die Deutschen eine offene Regierung haben und die Juden eine geheime. Alle Völker, außer dem deutschen, werden von Juden regiert. Dieser Krieg, der Krieg zwischen dem übernatürlich guten Volk der Deutschen und dem übernatürlich schlechten Volk der Juden bringt nur deshalb so viele Leiden über die anderen guten Völker, weil die Juden nicht kämpfen wollen, sondern sich der anderen Regierungen bedienen, um – ja um ihre »Weltherrschaft« zu sichern.

Was diese Propaganda so ungeheuer gefährlich macht, ist, daß sie sich auf keinerlei Tatsachen stützt – ja offensichtlich und unverschämt allen Tatsachen ins Gesicht schlägt. Sie stützt sich allein auf die Idee der grundsätzlichen Ungleichheit der Völker. Das übernatürlich gute Volk wie das übernatürlich schlechte Volk sind nur der Rahmen, in den, wie in eine Zwangsjacke, alle anderen Völker hineingepreßt und durch sie beherrscht werden.

Die Idee der grundsätzlichen, naturhaften Ungleichheit der Völker, welche die heutige Form der Ungerechtigkeit ist, ist nur zu vernichten durch die

Idee von der ursprünglichen und unabdingbaren Gleichheit alles dessen, was Menschenantlitz trägt. Mit der Ungerechtigkeit, die ungerechte Verhältnisse schafft, kann es die Gerechtigkeit nur aufnehmen, wenn sie gerechte Verhältnisse schafft. Und da – aus den verschiedensten Gründen, die ja sehr zu beklagen sein mögen – die Idee der Ungleichheit am jüdischen Volk exemplifiziert und exekutiert worden ist, wird es denen, die für Gleichheit und Gerechtigkeit kämpfen müssen, nicht erspart bleiben, ihre merkwürdige Scheu aufzugeben und den Namen des jüdischen Volkes in den Mund zu nehmen, nämlich um ihm Gerechtigkeit zuteil werden zu lassen in seinen gerechten Ansprüchen auf nationale Freiheit und um ihm Gleichheit zuzusichern als einem gleichwertigen Bundesgenossen. Das ist die einzige Art von Propaganda, der des »Teufels Redekunst« nicht gewachsen ist.

»Keinen Kaddisch wird man sagen«
(AUFBAU, 19.Juni 1942)

In der nationalsozialistischen Wochenschrift »Das Reich« hat Goebbels erklärt, daß mit der Ausrottung der Juden Europas »und vielleicht außerhalb Europas« nun begonnen werden würde. Die Ermordung von je 5000 Juden in Berlin, Wien und Prag wird den Auftakt zu dem Massenschlachten bilden, die erste Antwort auf die ungeheuerliche Tatsache, daß alle Völker innerhalb und außerhalb Europas sich entschlossen zeigen, der Nazi-Herrschaft um jeden Preis ein Ende zu bereiten. Der Ankündigung ist die Tat bereits vorangegangen: am 28.Mai, unmittelbar nach dem Attentat auf Heydrich, sind 300 Juden auf den Straßen Berlins aufgegriffen und erschossen worden; ihre Frauen und Kinder wurden in Konzentrationslager überführt. Die Gesetze des Teufels sind leider verläßlicher als die der Statistik. Während wir noch damit beschäftigt sind, auszurechnen, wieviel Juden diesen Krieg nach den Gesetzen der Wahrscheinlichkeitsrechnung überleben und nach Palästina oder anderen Ländern auswandern werden, droht die Furcht jener Wenigen, die glauben, daß die Wirklichkeit nicht von Gesetzen, sondern von Menschen und darum manchmal von Teufeln abhängt, auf die grauenhafteste Weise gerechtfertigt zu werden.

Seit der Teufel die Macht ergriff, seit er die Terrormaschine erfand, um mit diesem wirksamsten Propaganda-Instrument der Neuzeit seine Doktrin: Recht ist, was nützt, zu verwirklichen, hat er für alle praktischen Demonstrationen sich der Juden bedient. Seit jenen unvordenklichen Zeiten, die noch keine zehn Jahre zurückliegen, hat das Schicksal der Juden immer klar angezeigt, wohin die Reise ging. Nur die Zeiträume zwischen dem Experiment und der vollkommenen Durchführung sind inzwischen immer kleiner geworden. Es hat Jahre gebraucht, bevor nicht nur Juden überfallen wurden, sondern auch Tschechen, Norweger, Holländer und Franzosen. Monate verstrichen, bevor in den besetzten Ländern nicht nur Juden Freiwild waren. Wochenlang hörte man nur von Juden-Deportationen; Franzosen und Polen sind gefolgt und man erwägt bereits den Plan der Massenvertreibung von 3 Millionen Holländern. In wenigen Tagen schließlich folgten die Männer von Lidice den 300 Berliner Juden in den Tod, die tschechischen Frauen und Kinder den jüdischen in die Konzentrationslager. Wäre ich kein Jude, sondern gehörte irgendeinem anderen europäischen Volke zu, mir würden sich vor Angst die Haare auf dem Kopf sträuben, sobald einem Juden ein Haar gekrümmt wird.

Es war einmal eine glückliche Zeit, als Menschen frei wählen konnten: Lieber tot als Sklav', lieber stehend sterben als auf den Knien leben. Und es war einmal eine verruchte Zeit, als schwachsinnig gewordene Intellektuelle erklärten, das Leben sei der Güter höchstes. Gekommen ist heute die furchtbare Zeit, in der jeden Tag bewiesen wird, daß der Tod seine Schreckensherrschaft genau dann beginnt, wenn das Leben das höchste Gut geworden ist; daß der, der es vorzieht auf den Knien zu *leben,* auf den Knien *stirbt;* daß niemand leichter zu morden ist als ein Sklave. Wir Lebenden haben zu lernen, daß man auf den

Knien noch nicht einmal leben kann, daß man nicht unsterblich wird, wenn man dem Leben nachjagt und daß, wenn man für nichts mehr sterben will, man stirbt, obwohl man nichts getan hat.

»Keine Messe wird man singen, keinen Kaddisch wird man sagen«. Diese Toten hinterlassen keine geschriebenen Testamente und kaum einen Namen; wir können ihnen nicht die letzte Ehre erweisen, wir können ihre Witwen und Waisen nicht trösten. Sie sind Opfer wie es Opfer nicht mehr gegeben hat, seitdem Carthago und der Moloch zerstört wurden. Wir können nur ihre Träume zu Ende träumen.

Die Erbschaft dieser Toten werden die antreten, die traurig genug sind, um entschlossen zu sein, die erschüttert genug sind, um fest zu stehen, die phantastisch genug sind, um mit ihrer Einbildungskraft die Ferne zu überwinden, die menschlich genug sind, um mit ihnen die Toten aller Völker zu beweinen und die erschreckt genug sind, um aus Utopien, aus jenem ungastlichen Lande, das wir Juden so gerne bewohnen, auszuwandern.

Die Sache der jüdischen Armee ist nur zu einem kleinen Teil die Angelegenheit von Diplomaten. Sie ist die Sache dieser Erben, die sie fordern werden im Namen der Lebenden und im Namen der Toten.

Die wahren Gründe für Theresienstadt
(AUFBAU, 3.September 1943)

.... hingegen bin ich nicht einverstanden mit der Darstellung, die Ihre Zeitung von Theresienstadt gibt. Theresienstadt war unter den ersten Ghetti, kann also nicht als »Alibi« geplant sein. Ich habe seit 1940 alle Deportations- und Ghettomaßnahmen sehr genau verfolgt und glaube, daß ihnen eine einheitliche politische Linie zugrunde liegt, trotz gelegentlicher lokaler Abweichungen.

1. Juden werden geduldet und manchmal protegiert, wo Aussicht auf Erregung von Antisemitismus unter der Bevölkerung besteht. Beispiel: In Paris ging bis 1941 der Ausverkauf der französischen Warenbestände an deutsche Soldaten durch jüdische Hände und man hatte den Eindruck, daß deutsche Soldaten direkt dazu angehalten wurden, in den jüdischen Vierteln zu kaufen. Dies hatte zur Folge, daß aus der Toulouser Gegend, wohin sich die polnischen Teile der in Frankreich lebenden Judenschaft geflüchtet hatten, Juden in Scharen nach Paris zurückkehrten. Nach einigen Monaten wurden dann alle diese Juden verhaftet und in Konzentrationslager geschickt – die Bevölkerung sollte den Eindruck gewinnen, daß man sie vor den Juden beschützt.

2. Juden werden deportiert aus Gegenden, wo die Bevölkerung nicht antisemitisch ist – Beispiel Holland – nach Gegenden, wo auf Antisemitismus der Bevöl-

kerung zu rechnen ist – Beispiel Polen. Als die Polen begannen, von ihrem Antisemitismus etwas abzulassen und sogar Sympathien für Juden zu zeigen, wurden letztere entweder weiter nach Osten transportiert oder ausgerottet.

3. Juden werden transportiert aus Gegenden, wo ihre bloße Anwesenheit zu Widerstandszentren führen kann. Beispiel Deutschland. Wenn Frau Müller sieht, daß Frau Schmidt von nebenan nett zu Frau Cohn ist, weiß Frau Schmidt ganz genau, daß sie sich vor Frau Müller nicht mehr zu fürchten braucht und sich mit ihr vielleicht sogar aussprechen kann. In diesem Sinne waren die Deportationen aus Deutschland, mit denen die ganze grausige Geschichte ja anfing, wirklich als innerpolitische Schutzmaßnahmen geplant.

4. Die Nazis haben wiederholt gerade in der Tschechoslowakei und in Deutschland zur Beruhigung der Bevölkerung erklärt, daß sie nicht eine Ausrottung der Juden, sondern eine Segregation beabsichtigten. Dazu dient Theresienstadt, das ja mitten im Protektorat liegt, also einem Gebiet, das von der Zivilbevölkerung kontrolliert werden und das nicht mehr als antisemitisch gelten kann.

5. Massenschlächtereien werden nur in Gebieten vorgenommen, die entweder menschenleer sind wie die russischen Steppen oder in welchen man darauf rechnen kann, wenigstens Teile der ansässigen Bevölkerung für eine mehr oder minder aktive Beteiligung zu gewinnen, wie Polen und Rumänien. Ausrottungen werden total nur dann, wenn Sympathiekundgebungen zu offenkundig werden.

6. Wie Sie wissen, wurden Auswanderungsbestrebungen der Juden immer gefördert, selbst aus Frankreich, wo man es großenteils mit politischen Flüchtlingen zu tun hatte. In den letzten Monaten haben die

Nazis durch die bulgarische und rumänische Regierung sogar ganz große Judenangebote gemacht. Diese Großzügigkeit würde sich sehr schnell ändern, wenn die Alliierten sich wirklich bereit erklären würden, diese Juden zu nehmen. So lange sie es nicht tun, können die Nazis den Völkern erklären: Ihr seht ja, wie man im Ausland, wo die Juden frei und gleichberechtigt sind, Juden beurteilt. Nur Ihr seid so töricht, Euch zu der »unpolitischen« Haltung des Mitleids mit diesen Schädlingen hinreißen zu lassen. – Ob diese Propaganda heute noch wirkt, weiß ich nicht.

7. Wie sehr die Nazis versuchen, den autochthonen antisemitischen Bestrebungen der einzelnen Länder entgegenzukommen, sehen Sie daraus, daß aus Frankreich nur ausländische oder (was für die Franzosen dasselbe ist) kürzlich naturalisierte Juden deportiert wurden – unter dem Vorwand der Repatriierung, die zweifellos von ganz erheblichen Teilen der Bevölkerung gebilligt wurde.

Ich schreibe Ihnen diese Beobachtungen anläßlich Ihres Theresienstadt-Artikels, weil ich schon lange der Meinung bin, daß unsere Art der Berichterstattung oft auf Unglauben stößt, weil sie es meist unterläßt, den Zusammenhang zwischen den Judenverfolgungen und dem Herrschaftsapparat der Nazis zu erklären.

Für Ehre und Ruhm des jüdischen Volkes
(AUFBAU, 21.April 1944)

Am 19. April jährte sich der Tag, an dem der bewaffnete Aufstand der Juden im Warschauer Ghetto begann. Was die Nazis für eine Affäre von wenigen Stunden hielten, entwickelte sich zu einer großen Schlacht, die mehrere Wochen dauerte. Was wir in unserem Kleinmut erst für einen lokalen Ausbruch der Verzweiflung zu halten geneigt waren, stellte sich bald als der Beginn einer Reihe von bewaffneter Rebellionen in den Konzentrationslagern und Ghetti heraus, auf die in schneller Folge die Organisierung von jüdischen Guerilla-Banden mit eigener jüdischer Fahne folgte. Worum die Juden der ganzen Welt und vor allem der palästinensische Jischuw* seit Jahren petitioniert hatten, die Aufstellung einer jüdischen Armee, war plötzlich von denjenigen geschaffen worden, von denen man Taten am wenigsten erwartet und die man als zukünftige Bewohner von Asylen und Sanatorien, an Geist und Körper gebrochen, der Wohltätigkeit des Weltjudentums empfohlen hatte. Diejenigen, die vor einem Jahr noch verzweifelt nach Rettung schrien und hilflose Opfer der Mordlust waren, die bestimmt waren, eines Tages als Nutznießer fremder Wohltätigkeit ihr Leben zu beschließen, hatten plötzlich über Nacht

* Jischuw – hebräische Bezeichnung für die vorstaatliche jüdische Gemeinschaft in Palästina. (Anm.d.Hrsg.)

beschlossen, wenn möglich sich selbst, und auf jeden Fall dem jüdischen Volke zu helfen. Konnten sie schon nicht selbst gerettet werden, so wollten sie wenigstens, in ihren eigenen Worten, »den Ruhm und die Ehre des jüdischen Volkes« retten. Damit liquidierten sie die Pariastellung des jüdischen Volkes in Europa und ordneten sich als Gleichberechtigte in den Freiheitskampf der europäischen Völker ein.

Ruhm und Ehre sind neue Worte in dem politischen Vokabular unseres Volkes. Wir müßten vielleicht bis zu den Tagen der Makkabäer zurückgehen, um diese Sprache wieder zu vernehmen. So sprechen keine Märtyrer, die nur den Ruhm Gottes kennen und so sprechen keine Verzweifelten, die nur den traurigen Mut des Selbstmords haben. So spricht vielmehr die augenblickliche Avantgarde eines Volkes, die morgen einen politischen Führeranspruch zu stellen gedenkt. Wie sich das neue Gesicht Europas in den Untergrundbewegungen aller Länder vorbereitet, so bereitet sich die neue Stellung des jüdischen Volkes zu den europäischen Völkern in der jüdischen Untergrundbewegung vor.

Eine jüdische Untergrundbewegung kann nur da zustande kommen, wo der europäische Antisemitismus als eine Massenerscheinung im Verschwinden ist. Das wird jeder einsehen, der sich die Bedingungen illegal operierender Truppenkörper inmitten anderer Völker auch nur einen Augenblick vergegenwärtigt. Eine jüdische Zivilbevölkerung, die jüdische Guerillas schützen und mit Lebensmittel versehen könnte, gibt es nicht mehr. Sie sind absolut auf die Solidarität nicht nur anderer Untergrundbewegungen, sondern auch der nicht-jüdischen Zivilbevölkerung angewiesen. Dies ist auch einer der wesentlichen Gründe, warum die jüdischen Guerilla-Banden so lange haben auf sich warten lassen, warum erst ganz Europa in Aufruhr geraten mußte, bevor sie in den Kampf eintraten. In der blutigen Schule des Nazi-Terrors mußte erst der Antisemitismus ausgerottet werden. Denn der Mut der Verzweiflung kann nie ein Volk organisieren, sondern nur einzelne in den Selbstmord treiben. Den Mut zum Kampf bringt ein Volk nur auf, wenn es noch so kleine Chancen des Erfolges sieht. Gegen eine Welt von Feinden kann sich keiner wehren. Die Entvölkerungspolitik der Nazis hat es schließlich dahingebracht, daß Kadavergehorsam gefährlicher geworden ist als offene Rebellion. Es ist nicht nur besser, es ist auch sicherer einer Guerilla-Truppe anzugehören als in einem Konzentrationslager zu sitzen oder in Zwangsarbeit verschleppt zu werden. Dadurch werden in allen europäischen Völkern nicht nur die Eliten mobilisiert, sondern die Gesamtheit politisch und militärisch erfaßt. Die Deportationsbefehle der Nazis werden unmittelbar zu Mobilisierungsbefehlen des Untergrunds. Dies gilt für alle europäischen Völker, aber es gilt in weitaus verstärktem Maße für die Juden.

Wir wissen politisch von diesen kämpfenden Juden sehr wenig. Das Wenige was bis zu uns gedrungen ist, läßt immerhin einige Schlüsse auf ihre politischen Aspirationen zu. Da ist vor allem die Tatsache, daß sie unter eigener Fahne kämpfen – und das heißt, daß sie sich *als Juden* für die Freiheit der Juden zu schlagen wünschen. Da ist ferner die Tatsache, daß sie bei manchen Gelegenheiten neben der jüdischen auch die polnische Flagge gehißt haben. Und das heißt, daß sie in Freundschaft und Solidarität mit dem polnischen Volk handeln, ohne sich mit ihm zu identifizieren. Es ist anzunehmen, daß viele von ihnen nach Palästina werden gehen wollen. Aber evakuieren wird man sie nicht können, und mit dem Judenhaß werden sie nicht zu schrecken sein. Wenn sie gehen, so darum, weil sie im Kampf gelernt haben, mehr zu verlangen als individuellen Schutz und persönliche Sicherheit. Sie werden gehen, weil sie Freiheit und Gleichberechtigung als Nation und Sicherheit als Volk verlangen.

Aber auch denen, die vielleicht bleiben wollen – und die Mehrheit wird ja vermutlich auf lange Zeit ohnehin bleiben müssen – wird man schwerlich die Restauration des Status quo anbieten können. In der jüdischen Untergrund-Bewegung gibt es keinen Unterschied mehr zwischen West- und Ostjuden, zwischen assimilierten und unassimilierten, und das alte Sicherheitssystem, durch das die »hochvermögenden Brüder« in anderen Ländern die jüdische Masse schützte, hat sich als gefährliche Illusion erwiesen. Nur ein identischer Status der jüdischen Nationalität in ganz Europa verbunden mit gesetzlicher Verfolgung des Antisemitismus in allen Ländern, nur Anerkennung der Gleichberechtigung des Volkes und nicht des Individuums kann die Integration des jüdischen Volkes in die künftige Gemeinschaft der europäischen Völker beschließen, die heute von der jüdischen in Solidarität mit allen anderen Untergrundbewegungen in Europa angebahnt wird.

Gäste aus dem Niemandsland
(AUFBAU, 30.Juni 1944)

Wenn die tausend Menschen, welchen die amerikanische Regierung ein temporäres Asyl in den Vereinigten Staaten garantiert hat, Individuen wären, die um ihres religiösen Bekenntnisses oder ihrer politischen Überzeugung willen von den Staaten ihrer Heimat verfolgt worden sind, so würde dieser Maßnahme eine große Bedeutung zukommen. Sie würde besagen, daß eine der ältesten und heiligsten Pflichten abendländischer Staaten und eines der ältesten und heiligsten Rechte abendländischer Menschen, das Asylrecht, wieder zu Ehren gekommen ist.

Die tausend Menschen aber, die wir hier in Amerika erwarten dürfen, sind keine Flüchtlinge in dem alten und heiligen Sinne. Sie sind Menschen, die nicht als Individuen, sondern als Angehörige eines Volkes verfolgt werden. Nach ihrem religiösen Bekenntnis, nach ihrer politischen Überzeugung hat sie kein Mensch gefragt. Was sie hier wie in den großen Flüchtlingslagern des Mittleren Ostens vorfinden werden, ist Sicherheit und Barmherzigkeit. Von dem alten Recht auf Asyl kann nicht die Rede sein.

Denn dieses Recht ist untergegangen, seit nicht mehr die Freiheit und Menschenwürde des Individuums auf dem Spiel stand, sondern die nackte Existenz ganzer Völker; als nicht mehr Einzelne ins Exil gingen, sondern große Menschenmassen mitten im Frieden sich auf die Flucht begeben mußten. Es gibt in dem gesamten Kodex nationaler oder internationaler Gesetze, welche das innere Leben und das Zusammenleben der Nationen miteinander regeln, nicht ein einziges, welches diesen ungeheuerlichen Fall, den Versuch der Ausrottung eines Volkes, vorgesehen hätte. Darum leben die seit 1933 aus Deutschland und die seit 1940 aus Europa vertriebenen Juden im wahrsten Sinne des Wortes außerhalb des Gesetzes. Es gibt für sie keinen Präzedenzfall und sie müssen von Glück sagen, wenn sie, wie in diesem Lande, auf eine Tradition der Einwanderung treffen, in die sie sich eingliedern können.

Gern gesehen aber sind sie nirgends, – außer in Palästina, wo ihre Ankunft durch das Gesetz des Landes vorgesehen ist. Überall erregt das Wort Flüchtling, das einst einen fast Ehrfurcht gebietenden Klang hatte, die Vorstellung von etwas zugleich Verdächtigem und Unglückseligem. Wenn auch nur tausend von ihnen in einem großen Land erwartet werden, so findet sich bestimmt ein Parlamentarier, der verwundert anfragt, wie weit man zu gehen gedenke in dem Austausch von »feinen jungen Amerikanern gegen refugees« und sicher ein viel gelesener Journalist, der mit der Binsenwahrheit, daß »nicht alle Flüchtlinge durch ihre Leiden geadelt« worden seien, sie im vorhinein zu diskreditieren sucht.

Die Unbeliebtheit der Flüchtlinge hat wenig mit ihrem Verhalten und viel mit dem zweideutigen legalen Status zu tun, unter dem sie, aber nicht nur sie leiden. Sie kommen aus dem Niemandsland, denn sie können weder ausgewiesen noch deportiert werden. Keine Gegenseitigkeitsverträge, die ihre Gültigkeit zwischen den Nationen auch im Kriege beibehalten, schützen sie oder das Land, in welches sie kommen. Weil sie außerhalb der Gesetze der Nationalstaaten, die Staatenlose nur als einen negativen Grenz- und Ausnahmefall kennen, stehen, gefährden sie die normale Gesetzlichkeit jedes Landes, welches sie aufnimmt. Niemand weiß recht, was man mit ihnen anfangen soll, wenn die Barmherzigkeit erst einmal zu ihrem Recht und zu ihrem notwendigen Ende gekommen ist.

Sie sind Staatenlose, aber man kann sie doch nur als feindliche Ausländer klassifizieren, – als ob das Niemandsland einer Nation den Krieg erklären könne. Man erlaubt ihnen, im englischen Heere zu dienen, aber diskutiert gleichzeitig darüber, wie man sie nach dem Krieg repatriieren könne – in das Land des gemeinsamen Feindes. Zehn- und wahrscheinlich Hunderttausende von ihnen kämpfen in allen europäischen Untergrundbewegungen, als individuelle Mitkämpfer oder in jüdischen Einheiten; aber noch hat keine Exilregierung sich darüber geäußert, was sie nach dem Kriege mit den ausländischen oder staatenlosen Juden zu tun gedenkt, die mitgeholfen haben, ihr Land zu befreien. Sie sind als Juden angegriffen, vertrieben, totgeschlagen worden, aber sie können sich als Juden nicht wehren, und wollen oft gar nicht zu diesem Volk gehören. Da sie offenbar zu anderen Völkern auch nicht gehören, erwecken sie in ihrer nackten, nur auf Barmherzigkeit angewiesenen Nur-Menschlichkeit den unheimlichen Eindruck von etwas ganz und gar Unmenschlichen.

Denn so sehr der Mensch, infolge der ewigen Unzulänglichkeit des Gesetzes, der Barmherzigkeit des Menschen bedarf, so wenig darf man von ihm verlangen, das Gesetz durch Barmherzigkeit zu ersetzen. Die ungeheuere Unbarmherzigkeit der Evian- und Bermuda-Konferenzen war nur die allzu-menschliche Antwort auf eine übermenschliche Forderung. Die übereifrigen Praktiker, die glaubten, daß man erst Menschen retten und dann ihren legalen und politischen Status feststellen könne, haben sich als unpraktisch und unrealistisch erwiesen. Erst wenn die europäische Judenschaft als ein den Alliierten verbündetes Volk anerkannt worden ist, wird die Frage der Gäste aus dem Niemandsland wie das Problem der Rettung der europäischen Juden einer gerechten Lösung einen Schritt näher gekommen sein.

Die Tage der Wandlung
(AUFBAU, 28.Juli 1944)

Der Krieg steht für uns nun im 12.Jahr, und unsere Feinde, von allen Seiten umringt, haben begonnen, sich gegenseitig den Garaus zu machen. Das ist der Anfang vom Ende, wenn auch keiner weiß, wie lange das Ende noch dauern kann. Das ist der »Germanen Untergang«, wie ihn Hitler versprochen hat, und keiner weiß, ob und wie das deutsche Volk den Untergang der »arischen« Rasseorganisation überleben wird.

Das jüdische Volk aber wird diesen Krieg überleben. Es wäre töricht zu glauben, daß der Friede für uns leichter sein wird als der Krieg, in dem wir bis zum Ende als Alliierte nicht als eine der verbündeten Nationen anerkannt worden sind. Angesichts von Millionen wehrlos hingeschlachteter Opfer ist es schwer, nicht bitter zu werden; nach so vielen leeren Versprechungen, nach so vielen getäuschten Hoffnungen ist es schwer sein Herz nicht zu verhärten.

Wenn der Friede kommt, werden wir mit Furcht und Hoffnung, diesen beiden Erzfeinden jüdischer Politik, unsere Zeit nicht verlieren dürfen. Um die europäischen Juden zu verstehen, die durch zu viele Höllen gegangen sind, als daß ihnen noch jemand Furcht einjagen könnte und die durch zu viele eitle Hoffnungen sich haben narren lassen, als daß sie jemand noch verlocken könnte, sollte jeder versuchen, sich alle Stadien des Verlaufs der Schlacht im Warschauer Ghetto aufs Genaueste mit Geist und Sinnen zu vergegenwärtigen. (Dies ist erst jetzt möglich geworden dank eines meisterhaften Berichtes von *Shlomo Mendelsohn* in der letzten Nummer des *Menorah-Journal.*) Denn in den Straßen von Warschau hat das europäische Judentum noch einmal, als sei es aufgerufen zu einer endgültigen Lektion, alle vergangenen Stadien typisch jüdischen politischen Verhaltens durchlaufen, gleichsam repetiert – bis es zu jener Tat kam, durch welche das Antlitz des jüdischen Volkes geändert wurde.

Es begann mit dem 22.Juli 1942. An diesem Tag beging der Vorsitzende des »Judenrats«, der Ingenieur Czerniakow, Selbstmord, weil die Gestapo ihn aufgefordert hatte, 6-10 Tausend Menschen täglich zur Deportation bereit zu stellen. Eine halbe Million Juden waren im Ghetto und die Gestapo befürchtete bewaffneten oder passiven Widerstand. Nichts dergleichen geschah. Zwanzig- bis Vierzigtausend Juden meldeten sich freiwillig zur Deportation, und Zettel der polnischen Untergrundbewegung, die vor Deportation warnten, wurden nicht beachtet. Die Bevölkerung war »gefangen zwischen Furcht und fieberhafter Hoffnung«. Die einen hofften, daß »Evakuation« nur Umsiedlung bedeute, die anderen, daß sie von den Maßnahmen nicht betroffen werden würden. Die einen fürchteten, daß Widerstand ihr sicherer Tod sei; die anderen fürchteten, daß Widerstand die unmittelbare Gesamt-Exekution des Ghettos nach sich ziehen würde; und da die allgemeine jüdische Meinung gegen Widerstand war, und Illusionen vorzog, scheuten sich die wenigen, die kämpfen wollten, die Verantwortung zu übernehmen.

Die Deutschen benutzten sorgfältig Hoffnung wie Furcht. Sie teilten die jüdische Bevölkerung in Kategorien: sie gaben Papiere aus für die, welche in deutschen Fabriken arbeiteten – und die Arbeiter fühlten sich sicher. Sie stellten eine jüdische Polizeitruppe auf, welche zusammen mit den Ukrainern, Litauern und Letten die Deportationen ausführten. Und ein Teil der Bevölkerung war zu Verrätern geworden. Sie trennte zwei Bezirke vom Ghetto ab; in dem einen lebten etwa 6000 jüdische Arbeiter, in dem anderen eine Bevölkerung von zirka 40000, und eine Solidarisierung der Gesamtheit wurde verhindert. Jeder hatte besondere Gründe zu hoffen und zu fürchten.

Nach einigen Wochen ging den Bewohnern des Ghetto die Hoffnung verloren. Die Wahrheit über die Bestimmung der Deportierten war durchgesickert und die Illusionen über die »Umsiedlung« waren zerstört. Auch dies hatte keinen Widerstand zur Folge. Die Stelle der Hoffnung wurde nur urplötzlich durch die Furcht ausgefüllt. »Durch die Straßen von Warschau wanderten bleiche Schatten, mit erschrockenen, blicklosen Augen. Sie liefen von Straße zu Straße in dem Wahn, daß vielleicht in der nächsten Straße die Gefahr nicht so groß sein würde« – sagt der polnische Berichterstatter. Die Deutschen waren von nun an völlig beruhigt: von diesen Menschen war weder aktiver noch passiver Widerstand zu befürchten.

Die polnische Bevölkerung, die über das endgültige Schicksal der Deportierten unterrichtet war, verstand nicht, »warum die Juden keinen Widerstand leisteten, warum die jüdische Polizei so eifrig und die Überlebenden so apathisch waren. Über der Tragödie der Juden lag etwas Fatalistisches in all ihrem Schrecken, eine Ausweglosigkeit, die noch unterstrichen wurde dadurch, daß die zivilisierte Welt praktisch nicht reagierte«. So berichtet eine polnische Untergrundzeitung.

Ende August wußten Gruppen der Arbeiter und der Intelligenz, daß bewaffneter Widerstand unumgänglich der einzige moralische und politische Ausweg sein würde. Aber die »konservativen Kreise im Ghetto lehnten jede Idee des Kampfes kategorisch ab« – und hatten damit offenbar noch die Mehrheit der Bevölkerung hinter sich. Im Dezember lebten im Ghetto nur noch jüngere und vergleichsweise gesunde Menschen – alles andere war »umgesiedelt«. Unter Führung von Bundisten und Zionisten hatte sich eine jüdische Kampforganisation gebildet, welche ihre ersten Waffen Ende Dezember und Anfang Januar erhielt.

Nach einer kurzen Unterbrechung wurden im Januar 1943 die Deportationen wieder aufgenommen. Von der halben Million Juden, deren Widerstand die Gestapo im Juli 1942 gefürchtet hatte, waren nur noch etwa 40000 am Leben; vor diesen fürchteten sie sich nicht. »Am 18.Januar marschierten starke SS-Abteilungen, unterstützt von deutscher und lettischer Polizei in das Ghetto. Sie trafen auf etwas, was sie nie erwartet hatten. Einige Juden hatten sich in Wohnhäusern verbarrikadiert. Ein heftiger Kampf entspann sich. Die Kampforganisation hatte Gewehre und Munition aufgespeichert. Der Kampf dauerte mehrere Tage. Am 23.Januar rollten Tanks in das Ghetto«. (Bericht einer polnischen Untergrundzeitung.)

Dieser erste kurze Kampf war ausschließlich eine Angelegenheit des jüdischen Untergrunds, die allgemeine Bevölkerung beteiligte sich an ihm nicht. In einem an die amerikanischen Juden gerichteten Appell heißt es: »Nur Ihr könnt uns retten. Die Verantwortung vor der Geschichte tragt Ihr«. Die erwartete Hilfe von außen blieb aus, und in den folgenden Monaten organisierte die Kampforganisation die Bevölkerung des Ghettos und bereitete sie auf das vor, was der polnische Regierungsberichterstatter dann mit Recht den 'jüdisch-deutschen Krieg' genannt hat. Von jüdischer

Seite war dieser Krieg eine levée en masse: jeder hatte mitgearbeitet an der Befestigung der Straßen und Häuser, jeder hatte eine Waffe, jeder hatte eine bestimmte Aufgabe. Jeder wußte, daß der kommende Krieg nur mit einer militärischen Niederlage enden könne und daß er zu physischer Vernichtung führen würde. Jeder wußte, daß – in den Worten der polnischen Untergrundzeitung – »der passive Tod der Juden keine neuen Werte geschaffen hatte; daß er sinnlos gewesen war; daß aber ihr Tod mit der Waffe in der Hand neue Werte in das Leben des jüdischen Volkes bringen kann.« Ein letzter Versuch des Nazikommandanten, Illusion und Hoffnung im Ghetto wiederzuerwecken, blieb ohne Echo. Furcht und Hoffnung hatten das Ghetto verlassen.

Am 19.April begann der Kampf. SS-Divisionen, schwer bewaffnet, mit Maschinengewehren und Tanks, marschierten in das Ghetto. Die jüdische Verteidigung war glänzend organisiert. Eine Woche lang wurde eine reguläre Schlacht gekämpft, bei der die Deutschen schwere Verluste an Menschen und Material erlitten. Mehrere Male wurden sie hinter die Ghettomauern zurückgeschlagen. Daraufhin verzichteten sie auf die militärischen Regeln des Krieges und gingen zu jenen aus Grausamkeit und Feigheit gemischten Taktiken über, welche sie in den Augen der Polen um das Prestige »arischer Kriegstüchtigkeit« brachten. Mit Flammenwerfern und Dynamit griffen sie Haus nach Haus gesondert an. Diese Prozedur dauerte mindestens fünf Wochen. Ende Juni noch berichten Untergrundzeitungen von Guerilla-Kämpfen in den Straßen des Ghettos. Dieser »Sieg« ist bis heute der letzte Sieg der Nazis geblieben.

Aus den Trümmerhaufen der Schlacht war niemand mehr zu deportieren. Viele waren mit der Waffe in der

Hand gefallen. Wenige hatten sich mit der Waffe in der Hand gerettet – um dann jene Dutzende von jüdischen Kampfeinheiten zu organisieren, welche seither die Felder und Wälder Polens durchziehen und uns den Frieden, *unseren* Frieden erkämpfen.

Eine Lehre in sechs Schüssen
(AUFBAU, 11.August 1944)

»Junge jüdische Mädchen, Maschinenpistolen über den Schultern und Granaten am Gürtel, marschieren stolz durch die Straßen Wilnas, für dessen Befreiung sie drei Jahre kämpften.« So berichtet der Moskauer Korrespondent Mikhailov laut einer AP-Meldung. Eines der Mädchen, die siebzehnjährige Betty, erzählte dem Korrespondenten ihre Geschichte in den folgenden Sätzen:

»Ein Deutscher kam und führte meine Familie ins Ghetto. So widerstandslos und gefügig waren wir im Jahre 1941. Aber das deutsche Regime hat uns eine Lektion erteilt. Die im Ghetto lebten, wurden die wirklichen Rächer. Ich tötete nur 6 Deutsche, aber es gibt Juden in unserer Abteilung, welche Dutzende getötet haben.«

Die Lektion ist sehr einfach, und Betty hat in wenigen Sätzen ihren wesentlichen Gehalt zusammengefaßt. Sie schämt sich, wenn sie nur daran denkt, wie ein einzelner Deutscher 60 Juden ungestraft in die Sklaverei und wahrscheinlich in den Tod hat führen können. Mit sechs Schüssen hat sie die Schande der Opfer, der wehrlosen und gefügigen Opfer ausgetilgt. Ihren Nachnamen hat sie dem Korrespondenten nicht gesagt, weil sie fürchtete, über Gebühr gepriesen zu werden.

*
* *

Ich habe große Angst, daß der Friede Betty eine zweite grausame Lektion erteilen wird. Sie wird erfahren, wie unbegründet ihre Furcht vor zu großem Ruhm war. Sie weiß noch nicht, daß wir uns geradezu rühmen, nur Opfer, unschuldige Opfer zu sein, und daß wir sie und ihresgleichen als Märtyrer, aber nicht als Helden feiern. Sie kennt noch nicht jene neue, fast unbewußte, fast automatische »Verschwörung des Schweigens«, das mit lauten, allzulauten Klagen ihre Stimme und die Stimme ihresgleichen zudeckt.

Dabei ist ihre Stimme laut genug. Sie klingt dem, der guten Willens ist, nahezu täglich aus kleinen – verkleinerten und verzettelten – Meldungen der Zeitungen entgegen. Sie bringt die gute Botschaft, daß sich einmal und gerade für uns die uralten Gesetze des Krieges, der die Besten erschlägt – »denn Patroklus liegt erschlagen und Thersites kehrt zurück« –, umgekehrt haben; daß in dem furchtbaren Morden, das die Nazis angerichtet haben, die Überlebenden zu den Besten gehören werden. Denn die Widerstandslosen und Gefügigen erwartete der sichere Tod.

Für uns aber, die wir die gesamtjüdische Welt etwas besser kennen als Betty, die wir wissen, wie schwer es schon für normal lebende Völker ist, die Kluft zu überbrücken, die den heimkehrenden Soldaten von dem daheimgebliebenen Zivilisten trennt; wie lange es dauert, bis ein Volk die wesentlichen Lehren seiner Avantgarde verstanden hat; wie langsam gerade unser Volk im Lernen politischer Lehren ist – für uns stellt sich die Frage nach der Zukunft von Betty und ihresgleichen. Denn ohne die Hilfe, die aktive und begeisterte Hilfe des gesamtjüdischen Volkes wird es weder ihr noch ihresgleichen in den Ländern Europas beschieden sein, die Ernte einzubringen und der schwer erkämpften Früchte sich zu freuen.

*

* *

Wir wissen, was die jüdischen Kämpfer noch nicht wissen – oder im Feuer der letzten Jahre vergessen haben werden –, wir wissen, daß die »Wohltätigkeitsmaschine«, die in Herzls Worten zur »Erstickung der Notschreie« der Unterdrückten funktioniert hat, morgen vielleicht eingesetzt werden kann, zur Erstickung der politischen Forderungen derer, die sich selbst befreit haben. Daß die Vertreter des europäischen Judentums im Exil von ihrem Volk in dem gleichen Ausmaß getrennt sind, wie die Exilregierungen anderer Völker, ist nur allzu natürlich. Nur daß für uns dies ungleich schlimmere Folgen haben kann, weil unsere Widerstandsbewegung nicht einheitlich organisiert, nicht auf ein Territorium beschränkt ist, sondern aus verstreuten Gruppen besteht, welche erst im Moment des Waffenstillstandes eine Chance der Verständigung untereinander und mit den Vertretern des Weltjudentums haben werden. Dies ist, verglichen mit den Widerstandsbewegungen anderer europäischer Völker, die sich seit Jahren politisch vorbereiten und ihre Vertreter im Ausland haben, sehr spät; es besagt, daß Betty und ihresgleichen es noch schwerer als ihre Kameraden in anderen Völkern haben werden, das Neue, das sie und nur sie zu sagen ein Recht haben, durchzusetzen.

Diejenigen aber unter uns, die guten Willens sind und wissen, daß Hitlers Sturz nicht die automatische Lösung der Judenfrage bedeuten kann, sondern sich vorbereiten wollen für die harten Aufgaben einer jüdischen Zukunft, möchte ich bitten, Bettys sechs Schüsse nicht aus der Erinnerung zu verlieren und so oft wie möglich, im Sinne der alten Exerzitien, die Stadien der Schlacht im Warschauer Ghetto zu rekapitulieren.

Die jüdischen Partisanen im europäischen Aufstand
(AUFBAU, 8.September 1944)

Der siegreiche Vormarsch der alliierten Armeen, die Befreiung Frankreichs und die fortschreitende Zersetzung der deutschen Militär- und Terrormaschine haben die ursprüngliche Struktur dieses Krieges, der als ein intereuropäischer Bürgerkrieg begann, wieder aufgedeckt. Es ist erstaunlich, wie das Ende dem Anfang gleicht – nur mit umgekehrten Vorzeichen. Damals wie heute wird die schnelle Durchschlagskraft der regulären Armeen durch die Existenz einer »fünften Kolonne« ermöglicht. Damals wie heute spielt sich für die europäischen Völker selbst dieser Krieg in der Form des Bürgerkrieges ab. Nur mit dem Unterschied, daß die fünften Kolonnen der Nazis aus den herrschenden Schichten rekrutiert waren, deren Namen aller Welt bekannt und deren Positionen mit einer Gloriole von Respektabilität umgeben waren; während die fünfte Kolonne der Alliierten aus der Masse des Volkes besteht, das zu den Waffen gegriffen hat und dessen Vertreter mit wenigen Ausnahmen unbekannt sind. Sie schlagen sich seit Jahren gegen alle Nazis, gleich welcher Nationalität und, jubelnd über die Befreiung durch die alliierten Armeen, verstehen sie darunter Bedingung und Beginn ihrer eigenen Aktion.

Angesichts des Charakters dieses Krieges in Europa kann die Existenz einer Nazi-kontrollierten fünften

Kolonne unter den Juden, von der Einzelheiten in den Spalten dieser Zeitung öfters berichtet wurden, schwerlich Wunder nehmen. Die Gesetzmäßigkeiten des jüdischen Sonderschicksals verloren immer ihre Gültigkeit, wenn Juden sich weigerten, es als Schicksal zu akzeptieren. Dies geschah in unserer Zeit in der Form des Verrats durch eine kleine Minorität jüdischer Millionäre und Lumpen, – z.B. in Italien, Polen und Rumänien – und in der Form des Kampfes durch einen offenbar sehr erheblichen Teil des Volkes. Seitdem die Juden nach der Schlacht im Warschauer Ghetto überall begannen, sich gleich den anderen Völkern als Partisanen zu organisieren, hat sich Schicksal wie Charakter ihres Kampfes mehr und mehr dem ihrer europäischen Nachbarn angeglichen. Es ist in dieser Hinsicht bezeichnend, daß die Schlacht des Warschauer Ghettos genau wie die Kämpfe der Maquis mit einem Aufstand gegen den inneren Feind, die gefürchtete jüdische Polizei, mit einem Attentat auf den Kommandanten dieser Truppe und mit einer nicht sehr friedfertigen Aktion begannen, die dem Nazi-kontrollierten Judenrat eine Million Zlotys für den Ankauf von Waffen abnötigte.

Die numerische Stärke der jüdischen Partisanen geht – einem Bericht von Elieser Kaplan zufolge, der in der Türkei mit jüdischen Untergrundführern konferierte – in die Hunderttausend. In Polen kämpfen sie offenbar alle unter der blau-weißen Fahne. Aber auch in anderen Ländern, in welchen früher Juden in nichtjüdischen Einheiten mitgekämpft haben, ist die Tendenz, auf der Grundlage jüdischer Einheiten mit den anderen Partisanengruppen zu kooperieren, deutlich erkennbar. So wird aus Litauen berichtet, daß sich nach jahrelanger Existenz gemischter Bataillone, drei selbständige jüdische Einheiten unter der Führung von

Shlome Brandt, Chone Magid und Aba Kovner gebildet haben. In Karpatho-Rußland schlägt sich eine Truppe von 1400 Juden gegen die Ungarn, aus deren Konzentrationslagern sie entwichen sind. Am erstaunlichsten sind Nachrichten aus Frankreich, welche aus den letzten Tagen des Vichy-Regimes stammen, daß die jüdischen Untergrundkämpfer, angeblich 10000 an der Zahl, die bis vor kurzem in den Reihen der Maquis organisiert waren, sich selbständig gemacht haben. Wenn man der Zuverlässigkeit der Berichte trauen darf, so ist diese neue unabhängige Guerilla-Truppe ein Werk von Veteranen der Warschauer Ghetto-Schlacht, die nach Frankreich gekommen sind, um den Maquis ihre Erfahrungen im Städte-Krieg mitzuteilen. Dies wäre an sich durchaus möglich und würde mit zahlreichen Meldungen über die Verbindung der europäischen Untergrund-Bewegungen untereinander übereinstimmen.

Die detailliertesten Berichte gerade für die letzten Wochen haben wir aus Polen. In den Straßen von Warschau schlagen sich augenblicklich die Kämpfer der von Aron Kaplan geführten Berek-Yeselevitch-Einheit – »in der Tradition der Helden und Märtyrer des Warschauer Ghettos«. In engem Zusammenhang mit der Roten Armee kämpft seit Monaten die Bar-Kochba-Einheit, die ihre Gefangenen an die Russen abzuliefern pflegte. Nach der Befreiung von Lublin veranstaltete sie eine Gedenkfeier für die Toten der Schlacht von Warschau. Die »Makkabäer« operieren immer noch in den Wäldern von Radom, Kielce und Miechow. Sie sind spezialisiert auf Überfälle auf Konzentrationslager, aus denen sie ihre Truppen rekrutieren. Sie haben große Verluste in den letzten Wochen erlitten, als sie versuchten, ihren Kameraden in Warschau zu Hilfe zu kommen und die deutschen Linien zu umgehen. Die Nazis setzten als Gegenmaßnahme eine Kopfprämie von 100 Zloty auf den Kopf jedes jüdischen Guerillakämpfers – wobei sich herausstellte, daß die polnischen Endekes noch in genügender Stärke existieren, um eine wirksame Denunziationstätigkeit für die Gestapo zu entfalten.

Es ist offenbar: wenn man das, was als »Schicksal« auftritt, nicht akzeptiert, ändert man nicht nur dessen Gesetzmäßigkeiten, sondern auch die Gesetze des Feindes, der Schicksal spielt. In Warschau versuchten die Nazis mit den Juden zu verhandeln und boten ihnen, unter offenbarer Vernachlässigung der Rasse-Gesetze, den Status von Kriegsgefangenen an – wenn sie nur das Kämpfen ließen. Die Juden lehnten natürlich ab. In Paris verhandelten die Nazis mit den französischen Partisanen über den Austausch von Gefangenen. Als sie erklärten, daß jüdische Gefangene »natürlich« nicht in das Abkommen einbezogen werden könnten, brachen die Partisanen die Verhandlung kurzerhand ab. Selbst Erwägungen der Zweckmäßigkeit konnten diese Franzosen nicht mehr dazu veranlassen, ein »Sonderschicksal« der Juden anzuerkennen.

Die Entrechteten und Entwürdigten
(AUFBAU, 15.Dezember 1944)

Die Staatenlosen sind das neueste Phänomen der neueren Geschichte. Entstanden aus den ungeheueren Flüchtlingszügen, welche seit der russischen Revolution die demographische Karte Europas unaufhörlich verändert haben, sind sie bis auf weiteres das auffälligste Produkt von dreißig Jahren europäischer Kriege und Bürgerkriege. Freiwillig oder unfreiwillig sind sie herausgebrochen aus der alten Dreieinigkeit von Volk - Staat - Territorium, welche die solide Grundlage der Nation gebildet hat, und sie haben dabei den Gürtel gemischter, durcheinander siedelnder Volksgruppen, welche den osteuropäischen Raum so unsicher und die neuen in Versailles errichteten Nationalstaaten so lebensunfähig machten, über ganz Europa verbreitet. Sie stellen die Staatsmänner dieses Krieges und des künftigen Friedens vor ein ähnliches, nur viel schwierigeres Problem wie die Minoritäten am Ende des vorigen; denn sie befinden sich politisch wie sozial wie rechtlich in einem ständig sich vergrößernden Vakuum, in das die nationale Gesetzgebung der Staaten nicht hineinreicht und das, wenn es außerhalb des Gesetzes belassen wird, die Struktur des Nationalstaates aufs schwerste erschüttern muß.

Weder Asylrecht, das immer nur auf Einzelne zugeschnitten war und Völkerwanderungen nicht gut in Rechnung ziehen kann, noch Naturalisierung, die in nicht auf Immigration beruhenden Staaten nur als Grenz- und Ausnahmefall vorgesehen ist, können ihrer Herr werden. Keine noch so feierliche Wiederholung der Menschenrechte, die nur auf den Schutz des Individuums vor Übergriffen der öffentlichen Gewalt abzielten, werden sie effektiv schützen oder ihnen positive Rechte verschaffen können. Denn sie treten nicht als Individuen, sondern als kompakte Volksgruppen auf und sie werden nicht als Individuen, sondern als Glieder von Völkern oder als Volkssplitter, welche ohne staatlichen Schutz leben, angegriffen und verfolgt.

Vergeblich haben in letzter Zeit James G. McDonald, der ehemalige Hohe Kommissar für das Flüchtlingswesen am Völkerbund und mit ihm alle Kenner der Frage, viele Sozialarbeiter und die verschiedensten jüdischen Körperschaften davor gewarnt, die Flüchtlingsfrage auf den internationalen Konferenzen einfach zu ignorieren. Vorläufig scheint man entschlossen, die Behandlung der Flüchtlinge, die Frage ihres gegenwärtigen und zukünftigen Status den neu sich bildenden europäischen Regierungen jeweils zu überlassen und eine Gesamtlösung zu vermeiden. Und so wenig vorläufig über das Schicksal der Flüchtlinge entschieden ist, so klar machen sich doch bereits bestimmte Tendenzen geltend, die anzeigen, daß das Ende des Krieges keinesfalls automatisch den Zustand der Recht- und Gesetzlosigkeit beseitigen wird, in welchem viele Tausende seit mehr als zwanzig Jahren, andere seit mehr als zehn Jahren und die Reste der regulären spanischen Armee z.B. seit mehr als sechs Jahren dahinvegetieren.

Ihre größte Gefahr ist paradoxerweise die Normalisierung; denn während des Kampfes gegen den deutschen Faschismus haben sie, in geschlossenen Formationen, ihren Platz unter den Partisanen gefunden; in der allgemeinen Illegalität wurden sie legal und konnten Schicksal und Ruhm des allgemeinen Kampfes gegen den Faschismus teilen. Aber kaum hatte de Gaulle die spanischen Maquis in einer großen Kundgebung in Toulouse öffentlich geehrt und für ihre Verdienste um die Befreiung Frankreichs dekoriert, da forderte die französische Armee die gleichen Spanier, die keinen konsularischen Schutz genießen und als Staatenlose zu betrachten sind, bereits auf, sich entweder der Fremdenlegion oder einem Zwangsarbeitsdienst zur Verfügung zu stellen. Noch ist die Widerstandsbewegung in Frankreich und ihr Ehr- und Solidaritätsgefühl zu stark, als daß diese Verordnung hätte durchgeführt werden können. Aber den Hunderttausenden von ausländischen Juden, welche unter der blau-weißen Fahne für Frankreichs Befreiung gekämpft haben, wurde bereits verboten, mit ihrer Fahne an der Waffenstillstandsparade am 11.November teilzunehmen.

Die Tendenz, die Existenz der Flüchtlinge auf internationalen Verhandlungen einfach zu ignorieren, hat vorläufig zur Folge gehabt, daß die United Nations War Crimes Commission Verbrechen, die an Juden nicht-alliierter Staatsangehörigkeit begangen worden sind, nicht als Kriegsverbrechen anerkennt. Das bedeutet, daß die Ermordung deutscher, ungarischer, rumänischer, österreichischer und anderer Juden straffrei bleiben wird, daß diesen Juden noch im Tode bestätigt wird, daß sie Freiwild sind und bleiben. Es hat schwieriger und langwieriger Verhandlungen bedurft, um zu erreichen, daß UNRRA* für Juden feindlicher

* *United Nations Relief and Rehabilitation Administration*, 1943 gegründete und 1945 von der UNO übernommene Hilfsorganisation zur Unterstützung von Flüchtlingen und »Displaced Persons« in den von den Alliierten befreiten Gebieten. (Anm.d.Hrsg.)

Staatsangehörigkeit sorgen darf; und auch dies Ergebnis ist lediglich ein Kompromiß zwischen dem guten Willen der Beteiligten und dem unveränderten Prinzip, Juden als Staatsangehörige der Länder zu betrachten, die eben noch versuchten, sie auszurotten. Die belgische Regierung hat den noch auf ihrem Territorium lebenden deutsch-jüdischen Flüchtlingen, die ja sogar rechtlich ausgebürgert sind, bereits wieder den Stempel »deutscher Nationalität« in die Identitätspapiere gedrückt. Der International Migration Service denkt vor allem an Repatriierung und stellt ausdrücklich fest, daß es mit zu seinen schwierigsten Aufgaben gehören wird, »den Leuten, welche Angst haben, in Länder zurückzukehren, wo sie so viel gelitten haben, beizubringen, daß sie dort sicher sein werden«. Und alles was das International Committee of Refugee Professional Workers der Schweizer Regierung zur Lösung ihres Flüchtlingsproblems vorzuschlagen hatte, war die Bitte den Flüchtlingen eine Karenz-Zeit zu gewähren, während der sie sich beruflich auf die Rückkehr in die alte Heimat – die sie meist vor mehr als zehn Jahren verlassen haben – vorzubereiten.

Im Sinne der bestehenden internationalen Rechts-Abmachungen laufen alle Versuche, die Staatenlosenfrage zu lösen, auf das Bemühen hinaus, die Flüchtlinge wieder deportationsfähig zu machen. Dies ist auch der wahre Grund, daß es bisher trotz vieler Bemühungen der jüdischen Organisationen und trotz guten Willens seitens der alliierten Regierungen nicht gelungen ist, eine intereuropäische Anerkennung des jüdischen Volkes durchzusetzen. Eine solche Anerkennung, welche sich über die früheren Staatszugehörigkeiten hinwegsetzen würde, würde Juden, die dann ja ohne jeden nationalstaatlichen Schutz blieben, deportationsfähig machen. Sie würde die Möglichkeit der Deportation ausländischer Juden nahezu automatisch ausschließen oder sie zumindest – wenn man Palästina als »Deportationsland« in Rechnung stellen wollte – sehr erschweren.

Die eigentliche Schwierigkeit des Flüchtlings- und Staatenlosenproblems liegt darin, daß es innerhalb einer alten nationalstaatlichen Organisation der Völker schlechthin unlösbar ist. Die Staatenlosen zeigen vielmehr, deutlicher als alles andere, die Krise des Nationalstaates an. Und dieser Krise wird man nicht dadurch Herr werden, daß man Ungerechtigkeit auf Ungerechtigkeit häuft, nur um eine Ordnung wiederherzustellen, die weder dem modernen Rechtsbewußtsein noch den modernen Bedingungen des Zusammenlebens der Völker entspricht.

BIBLIOGRAPHISCHE NOTIZ:

Die vollendete Sinnlosigkeit – Der Text erschien erstmals unter dem Titel »Social Science Techniques and the Study of Concentration Camps« in *Jewish Social Studies* 12/1, S.49-64, New York 1950. Nach dem Krieg hatte sich Hannah Arendt bei den Zeitschriften *Commentary* und *Jewish Social Studies* um Unterstützung für ein Forschungsprojekt über Konzentrationslager bemüht. Weil Gelder für die Zusammenstellung von Dokumenten, Materialien, Berichten von Überlebenden, Interviews usw. nicht aufgebracht werden konnten, kam dieses Projekt nicht zustande.

Antisemitismus und faschistische Internationale – Der Text erschien erstmals unter dem Titel »The Seeds of a Fascist International« in *Jewish Frontier*, New York Juni 1945, S.12-16.
Mitte 1946 schickte Hannah Arendt diesen Text an Karl Jaspers, der damals an der von Dolf Sternberger herausgegebenen Zeitschrift *Die Wandlung* mitarbeitete und gelegentlich dort Artikel von ihr unterbrachte. Jaspers bereitete der Text »Kopfzerbrechen«, weil er sich nicht therapeutisch auf die Antisemiten einließ. An Arendt schrieb er: »Diesen Antisemiten muß man helfen, sich selber zu verstehen.« (Vgl. Hannah Arendt/ Karl Jaspers, *Briefwechsel 1926-1969*, München 1985, S.80 ff.)

Das Bild der Hölle – Dieser Text, eine Rezension, erschien unter dem Titel »The Image of Hell« in *Commentary* 2/3, New York, September 1946, S.291-295. Mit freundlicher Abdruckerlaubnis des American Jewish Committee.
Der von Hannah Arendt nach der *Review of Politics* zitierte Artikel von Gerhard Ritter erschien

zuerst auf deutsch unter dem Titel »Der deutsche Professor im 'Dritten Reich'« in *Die Gegenwart*, 1.Jg. Nr.1, Dezember 1945.

Ein Briefwechsel – Der Briefwechsel zwischen Hannah Arendt und Gershom Scholem ist einer der im Verhältnis zum Ausmaß der Eichmann-Debatte wenigen veröffentlichten Beiträge von Arendt. Abgedruckt in *Encounter*, Januar 1964, S.51-56. Außerdem auf deutsch in *Neue Zürcher Zeitung* vom 20. Oktober 1963.

Was heißt persönliche Verantwortung unter einer Diktatur? – Dieser Text wurde 1964 von mehreren Rundfunksendern (u.a. am 15. März 1964 vom Pacifican Radio) unter dem Titel »Personal Responsibility under Dictatorship« ausgestrahlt und im gleichen Jahr in *The Listener* vom 6. August 1964, London, S. 185-187 und 205 abgedruckt.

Der Auschwitz-Prozeß – Dieser Text – die letzte Arbeit Arendts über den Nationalsozialismus – erschien erstmals als Einleitung zur amerikanischen Ausgabe von Bernd Naumanns *Auschwitz*, New York 1966. Naumanns »Bericht über die Strafsache gegen Mulka und andere vor dem Schwurgericht Frankfurt« erschien 1965 im Athenäum-Verlag. (Eine gekürzte Fassung ist als Fischer-Taschenbuch erschienen).
Die Aussagen der Angeklagten, Zeugen, Anwälte usw. sind nach der deutschen Originalausgabe zitiert worden.

This Means You – Eine Auswahl von Artikeln, die Hannah Arendt zwischen 1941 bis 1945 für die deutschsprachige Emigranten-Zeitschrift *Aufbau* (New York) schrieb. Die Kolumne, für die sie anfänglich regelmäßig schrieb, hieß »This Means You«.
Wir danken dem »Aufbau« für die freundliche Abdruckerlaubnis.